言‧蕎語 ─

成語蕎的愛情十誡

目錄

前言		3
第一章	朱槿	4
第二章	非洲菊	17
第三章	荷花	28
第四章	鈴蘭花	45
第五章	水仙	60
第六章	紫色鳶尾	76
第七章	香水百合	91
第八章	矢車菊	110
第九章	石榴花	125
第十章	琉璃苣	147

前言

不論是粉絲、家人或親戚朋友，很多人都會跟我說：「妳都快 40 歲了，怎麼還不結婚？」其實，我沒有不想結婚，我只是不認為到了適婚年齡，就一定要趕快結婚生子，因為這是一輩子的事，在我還沒遇到值得託付終身的人，為什麼就要為了符合眾人的期待或社會的框架而去結婚呢？畢竟這是我的人生，要過什麼樣的生活，也該由我自己決定。

現在的我，對婚姻保持樂觀開放的態度，但在還沒遇到對的人之前，我只想為自己而活，期許自己在組織家庭之前，能夠好好地追逐我的目標，我認為女人的價值是讓自己活得開心又漂亮，所以我的生活一直很自律。當然，我也會想要談戀愛，只是期待中又害怕受傷，畢竟在感情的路上，我已經歷了一些曲折的故事。

這本書有我的幸福回憶，當然也有我的椎心之痛，就用這十種花語，祝福各位的感情世界像花朵一樣盛開、綻放和燦爛。

第一章 / 朱槿

纖細、體貼、永保清新

/ 朱槿 /

貼心比什麼都重要

　　常有人問我「怎樣的男人會讓妳心動？」，我的答案是「貼心的男人」，因為我總是少根筋，又容易忘東忘西，很需要有個人在一旁叮嚀，提醒我該注意些什麼。

　　另一種貼心的表現，是他不論做任何事，第一個都會想到我，想帶領我走進他的世界。當他走在前面，會時時刻刻記得轉過頭來，用真摯的眼神看著我，牽著我的手；當我心情不好的時候，他願意待在我身邊抱抱我、安慰我；當我開心的時候，他可以陪著我一起笑，創造屬於我們共同的回憶，彼此互相分享所有的悲傷與喜悅。

　　其實我很喜歡男生在約會的時候，默默地拍下日常的我，比如正在走路或吃東西的模樣，因為我很喜歡自己住進對方手機裡的感覺。

/ 朱槿 /

男人也可以適時地展現溫柔，讓女生覺得你對她是特別的，比方過馬路的時候，讓她走在內側，或是紳士地幫她開車門，還有「妳今天累不累？」、「下雨了，妳有帶傘嗎？」這些很日常的問候，讓女生知道你很在乎她。因為這些舉動，久而久之會成為一種習慣，也能讓好感慢慢累積，讓女生願意把你當成傾訴的對象。

當然，這也是試探對方喜不喜歡你的最好方式，假如你問候對方但她都不回你，就代表這個女生並沒有那麼喜歡你，要是她秒回你的話，代表你在她心中有一定的份量，接著你就可以試著約她見面吃飯。

約會前，你可以透過她的 IG 或 Facebook，觀察對方平常喜歡什麼樣類型的食物、電影等等，先從對方的喜好去理解這個人，約會的過程中就容易找到話題，用詢問的方式讓女生多開口，讓女生感受到你很想了解她，千萬不要一直在說自己的事，尤其是過去的感情，因為，其實大家都沒有很在意你過往到底跟誰在一起，除非女生主動問起，但最好不要跟對方說是誰，也不要給她看照片，因為女生如果知道得太多，很容易會產生比較心態，所以我覺得不要透露太多，有一些保留會比較好。

我的某個前男友，有一天突然跟我說：「妳很像我某任前女友，皮膚白、經常貧血、吹到風頭會痛，而且你們都是被家裡保護得很好的女生，真的好像喔！」他的這番操作，讓我很無語，想不到接著他還秀出照片，繼續說：「你們真的超像，我帶妳去過的一家餐廳，我也有和前女友一起去。」一直透露前任的訊息，但我根本不想知道，覺得自己好像只是替代品，奉勸各位千萬不要這樣做，因為你的現任只會覺得你很白痴。

/ 朱槿 /

/ 朱槿 /

善良只留給對的人

以前大家都會說「將心比心」，但在這個社會，不是每個人都有同理心。

曾經有位朋友，很突然地通知她的男友要請客，邀請我兩天後在一家很不容易訂到位子的餐廳吃飯，因為盛情難卻，我便答應了她的邀請。

但就在我們碰面的前一天，我突然覺得喉嚨很痛，本以為只是小毛病，吃了日本的感冒藥就去睡覺，想不到隔天一早起床，我竟然發高燒，整個人非常虛弱，懷疑自己該不會感染了冠狀病毒，便趕快聯絡家人幫我買快篩試劑，放在我家門口，測試完果然出現兩條線，於是馬上傳訊息並附上快篩的照片給邀我吃飯的朋友，告訴她我生病了，為了避免傳染給在場的人，所以沒辦法赴約，並為這突如其來的狀況向她道歉。

傳完訊息後，我吃了藥便倒頭就睡，直到晚上 10 點才醒來，正要起床喝水時，看到手機不斷地有訊息傳進來，以為是幾個好朋友關心我的身體，結果竟然是邀請人發了一則超級無敵長的訊息，指責我處理不當，臨時取消邀約，害她找不到人補位，大家被迫分攤了我的最低消費。當下我強撐著身體，再次向對方說明我已經在第一時間通知，更不希望硬要去吃飯而把病毒傳染給大家，但這位朋友依舊瘋狂地指責我，覺得我處理得很不好，完全沒有關心我的身體狀況，我只好回

花言‧蕎語——
成詎蕎的愛情十誡

/ 朱槿 /

覆她，假如妳這麼在乎這頓飯的錢，那麼請給我帳號，我馬上轉帳過去，不要造成妳的損失。

在那一刻，我知道我跟這位朋友是不同世界的人，三觀很不一樣，不適合當朋友，所以經過這個事件後，我和她當然沒有再往來了，假設今天是我邀請朋友吃飯但對方生病的話，我一定會站在朋友的立場設想，把朋友的身體狀況擺在第一，不可能勉強對方出席，還讓在場的人都有被傳染的風險。而我也確實有過生日請朋友一起慶祝，但對方因為急性腸胃炎臨時缺席，我也叮嚀她在家多休息，畢竟朋友的身體狀況，比我的生日更重要！

與觀念不同的人相處，只會產生更多分歧，人生是減法不是加法，朋友不一定要多，只要幾個真心懂你愛你的就夠了！因為你的善良，只需要留給值得的人。

/ 朱槿 /

花言·蔷薇——
戎蔷薇的愛情十誡

第二章 / 非洲菊

陪伴、互敬互愛、永遠快樂

花言·蕎誌——
戒誌蕎的愛情十誡

/ 非洲菊 /

適時接住對方的情緒

　　真正的好男人，一定要接住女人的情緒並給予力量，懂得安撫對方的小情緒是很重要的，這樣才能給她百分之百的安全感，讓她不用擔心你，只要做到這兩點，就已經很棒了。另外，最好還要有責任感，能夠對你們之間的愛情負責、對她的未來負責，在她脆弱的時候陪她渡過，愛她的優點也能理解並接受她的缺點與不完美，那麼你就具備了讓女生動心的三大要點。

　　像我就是個又美又瘋的女人，一下子女王氣場炸裂、一下子開心地像個小女孩，卻又會突然悲觀情緒上身，變得很沒自信又缺乏安全感，所以很需要有人在一旁的肯定。

　　世界上沒有完美的人，那個讓你心動的女孩，除了欣賞她的優點，你需要了解她的脆弱、她的情緒、她的缺點和她所追求的生活是不是跟你符合。如果你能接受這樣不完美的她，請你適時地當個稱職的聆聽者，當她情緒低落時，給她力量與擁抱，陪著她渡過難關，陪著她哭過笑過，帶領她走進你喜歡的世界，藉由藝術、音樂、運動或旅行來增加彼此的互動與交流，更理解對方的內心世界。

花言·蕎誆——
　成詿蕎的愛情十誡

/ 非洲菊 /

花言・蕎註——
成語蕎的愛情十誡

　　從小我就被教育要學會獨立，所以長久以來，我總是「報喜不報憂」，把很多負面情緒藏在心裡，就怕麻煩別人，也怕別人被我的情緒所影響，只有非常親近的朋友，才看得到我脆弱的一面，為了避免家人擔心，我甚至很少在他們面前流淚。

　　身為天秤座的我，表面上很樂觀，骨子裡卻悲觀到不行，在感情方面也是極度自卑、缺乏安全感，很容易讓自己陷入害怕別人離開我的情緒。

　　我覺得天秤座的女生都是偏憂鬱的，多愁善感也害怕失去，所以在談感情的時候，很容易會一股腦地付出。我曾經覺得，談戀愛就是要ALL IN、要轟轟烈烈，經歷了幾次教訓後發現，細水長流才是真正的愛。

　　轟轟烈烈的愛情，像是一杯香檳，氣泡一下子就沒了，兩人的相處便開始漸漸地變調。能夠長長久久的感情，其實是像白開水，日子雖然過得簡單平淡，但是很幸福。

　　女生真心需要男生給予的，不只是實質上的，還有精神上的照顧，比如一起旅行、到喜歡的餐廳吃飯，更別少了日常的關心。會讓女生最珍惜的禮物，不見得是名牌包，而是你親手做的小禮物，以及是你日常對她的關愛和在乎，因為你的用心，對方一定可以感受得到。

　　兩個人想要細水長流，就不能老是待在兩人世界，一定要帶著對方走進你的生活圈、朋友圈，並把他介紹你的家人。你們可以一起去很多沒去過的地方，互相分享新的事物，或是互相交流彼此喜歡的書籍、音樂或戲劇，因為我覺得透過這些藝術，會更容易理解彼此的內心世界。

　　兩個人能繼續走下去，三觀符合很重要，別忘了更要培養共同的興趣。如果我喜歡做的事情，男朋友不願意參與，我雖然不會感到很挫折，但會盡力地取中間值，像我很喜歡聽音樂會，就會很希望男朋友可以陪我一起去現場，感受音樂帶來的氛圍與感動，如果他對比較靜態的表演不感興趣，那我就會選擇熱鬧一點的演唱會，而不是乾脆放棄，各自去做各自的事。

　　談戀愛最開心的一部分，就是兩個人養成了共同的興趣，偶爾陪著對方做他喜歡的事，在那個時刻，兩個人就算在同一個空間裡，不管是一起追劇、吃零食，或各做各的事什麼話都不說，也是一種幸福，因為你會讓對方覺得非常放鬆，不需要特別去想什麼話題，那種安靜也是很舒服的。

/ 非洲菊 /

第三章/荷花
忠貞、純潔、清白

/ 荷花 /

發現對方劈腿，二話不說就放生

也許有人會以為「漂亮的女生怎麼可能會遇到渣男？」或者是「漂亮的女生那麼多人追，一定有很多好的桃花。」我的答案是「剛好相反」，其實漂亮的女生通常沒什麼人追，因為大家都會覺得她一定有很多追求者，甚至會為她們貼上「很難相處」、「一定有公主病」等各種標籤。

感情這條路上，我絕對沒有比其他女生少哭過少痛過，我還曾經因為情傷而出現鬼剃頭，甚至一度想要傷害自己，但好在我有一顆強心臟，沒有做出傻事，在痛哭流涕幾天幾夜後，我跟自己說：「沒事，不過就是一個男人嘛！我還有家人和朋友愛我，何必為了一個男人傷害自己？何必為了他難過成這樣？根本不值得！」重生後的我，明白要比以前更愛自己，於是開始學習各種新事物，讓生活過得更精彩，讓自己看起來更漂亮，讓那些曾經傷害我、離開我的渣男，知道沒有了他以後，我的日子過得更好更自在，我想這就是最好的報復方式吧！

那麼，要如何辨識妳的對象是不是渣男呢？當一個男生跟妳吃飯或約會的時候，如果手機螢幕總是朝下，還調成靜音模式的話，他就有百分之八十到九十的機率，對這一段感情並不認真，可能同時有多條感情線正在進行，甚至已經有了對象，或者當你問他「為何不接電話、不回訊息？」時，他用「手機一直保持靜音」這種理由來塘塞，那他肯定是個不折不扣的「甘蔗男」，前面甜甜的，到後來只剩下渣，千萬不要上當，掉入他的甜蜜陷阱。

/ 荷花 /

花言·蕎語——
成誼蕎的愛情十誡

/ 荷花 /

　　曾經有一次，我和幾個女生朋友聚會，其中一個女生朋友帶了她的男生朋友來赴會，他的外表看起來很有品味，是位個子高高、濃眉大眼的型男。私底下的我，跟螢幕形象很不一樣，有時候話不多，尤其是碰到不熟的人，會不知道要講什麼，所以當時我都在跟女生朋友們聊天，加上後來有事先離開了，跟那位型男沒有太多的交談。

　　在我準備離開的時候，型男跟我要了聯絡方式，這時他才發現原來我是成語蕎，嚇了一大跳的他說：「我以為妳是什麼大學生！」畢竟那天我沒什麼化妝，穿一件大 T 恤搭配帽子和布鞋，樣子有點樸素。後來他提出了幾次邀約，都被我拒絕了，某天我跟當初帶他來的女生朋友提起這件事，對方跟我說：「他人不錯啊，而且工作能力很好，妳跟他在一起滿配的，妳就當多認識一個朋友，可以跟他出去看看。」既然朋友都這樣說了，我決定試著跟他出去看看，不然老是待在女生的圈子裡，完全沒有桃花可言，我爸媽一定會更著急。

　　某天，他約我參加跟他朋友唱歌的局，我答應了，唱得很開心也聊得很開心，覺得他跟他的朋友人都挺好的，當天就放心地讓他送我回家。隔了沒多久，我們開始約吃飯看電影，或是去一些觀光景點走走，記得某天他突然在路上牽起了我的手，我頓時心裡小鹿亂撞，畢竟我在台灣還沒有讓任何男人牽過我的手，被牽起來的那一秒，我還有點登出了，不知道該怎麼辦。思考了兩、三秒後，我告訴自己：「要是真的被媒體拍到，我就大方地承認，他是我現在的約會對象，也希望大家能給我空間。」

花言·蕎話——
成蕎蕎的愛情十誡

　　後續我們就和一般的情侶一樣，經常甜蜜地約會，當然也發生了情侶之間會發生的事情，他總是跟我說：「妳真的好美，我覺得我再也找不到像妳這樣的女生，這麼貼心、這麼會照顧我。」我就開玩笑地回他：「說不定你哪天就看膩了！」他總是說：「不可能！妳在我眼裡是最美的，看一輩子都不會膩。」這些話對當時的我來說，簡直比蜂蜜還甜，認為幸福終於來了，經歷了那麼多渣男後，老天爺總算賜給我一個好對象。

/ 荷花 /

花言‧蕎語——
成蕎蕎的愛情十誡

但有一天我們正在吃飯時,我問他要不要一起去日本旅遊,他思考了一下,沒有立刻答應,只說要再安排一下時間。我接著問他:「我們從哪天開始算是在一起呀?」這時,他沉默了很久才說:「抱歉,其實我今年沒有打算交女朋友⋯⋯」我雖然很震驚,仍努力維持冷靜地說:「那你為什麼要追我呢?」他回答:「因為妳就是我夢寐以求的交往對象,外型和個性都符合我喜歡的特質。」還記得我們當時已經到餐廳了,他還說:「我們能不能維持現在這樣,持續約會但不算男女朋友的關係?直到妳遇見更喜歡的人,想跟他結婚,我就會退出。」當我問他「為什麼不跟我在一起?」他語氣肯定地告訴我,現在的他只想衝刺事業,不想談戀愛,但我是個在感情中容易陷入自卑的天秤座,總是會不斷地

/ 荷花 /

指責自己，所以我拒絕了他的要求，看著他說：「抱歉，我沒有辦法接受這樣不清不楚的關係，既然你不想對這段關係負責任，那就不是我要的，請別再來打擾我的生活。」

　　我覺得女人必須要有自覺，並很直接地告訴對方，什麼是妳要的、什麼是妳不要的，不能讓男生得寸進尺，千萬不要覺得自己有本事，能夠讓一開始就不想認真的男人，突然間想要跟妳穩定交往，這是不可能的。真正愛妳的人，是會深怕妳被別人搶走、想急著跟妳定下來，是會大大方方承認這段關係，告訴全世界「妳是他的」，如果男人在交往後始終沒有想要公開，表示他沒這麼喜歡妳，他前面所說的一切都是屁。

/ 荷花 /

外表不代表一切

　　我發現那種很漂亮的女生，往往都不愛玩也特別專情，生活很自律，因為她們自認清高，懂得珍惜自己的羽毛。

　　我曾在朋友的聚會，遇過一位穿搭很文青風、身材肉肉的普妹，她不但在席間大聊特聊哪個男明星喜歡她的肉體、哪個男 Model 是她的砲友，還告誡我們對男人不用太認真，可以先當砲友一段時間，再決定要跟誰在一起。她的發言，完全顛覆我的想像，我真的無法接受這樣的思維，更覺得這是很不應該的事，怎麼可以這樣踐踏自己的身體？她卻認為這是女性的選擇權，還說就是要這樣才會讓男生離不開自己。我真的覺得好離譜，不論男女，最不應該的就是用身體來交換愛情，因為受傷的一定會是自己而不是對方，千萬不要沾沾自喜覺得自己可以用身體來控制這段感情，這是最愚蠢的行為，對方只不過是把你當免費的 Buffett 在吃而已！如果想要別人尊重我們，就要從尊重自己開始，沒有那麼多砲友轉正的案例，不要再自欺欺人了！

　　以前我認識的一個女生，只要男生請她吃飯或送她禮物，她都會大方獻身，我不解地問她原因，她的答案竟是「我只有肉體可以回報」，後來才得知，因為她的原生家庭沒有給予足夠的愛，她和父親的關係很疏遠，所以她不知道怎麼用正常的方式表達感謝。

花言・蜚語——
　戒詿蕎的愛情十誡

/ 荷花 /

任何人都不需要委曲求全，更不需要將就，尤其是在愛情面前，一旦你／妳失去了自己的準則和底線，對方也不會尊重你／妳。對女生來說，除非妳提得起放得下，否則有一天妳還是會遍體鱗傷，因為男人跟女人最大的不同在於，男人是可以將愛和性分開的，妳很容易就會被取代了，永遠不要想著自己是最特別的那一位，更不用想著能夠改變對方，因為這個人從來就是不屬於妳的，他根本就不愛妳，因為真正愛妳的，不但會呵護妳對妳負責，更不可能這樣踐踏妳。

　　我也曾在無數的夜裡，跟很多女生一樣問自己「是我不夠好嗎？為什麼他要這樣子對待我？」後來我想通了，他根本沒那麼喜歡我，只是一個不屬於我的人。這一段過程中，我付出了感情、時間和金錢，掏心掏肺地經營一段愛情，即便付出了那麼多，他還是不懂得珍惜，最後總算明白他不是適合我的人，我要放下這段感情，才能放過自己。

　　我發現最近很多年輕人甚至很多戲劇的題材，都會提到砲友量船、砲友轉正這些議題，但我一直堅信，要找到真正的靈魂伴侶，必須要花時間溝通和相處，而且不是從肉體開始，太快發生關係，彼此的靈魂是無法產生共鳴的，千萬不要用性去綁住男人，因為成功機率非常低，千萬不要把這件事當作籌碼來做賤自己，因為最後受傷的只有你自己。

　　各位一定要堅信，這世界上一定會有真心愛你／妳的人出現，千萬別因為戀愛而失去了自己，不要踮起腳尖去親吻一個不屬於你的人，你要的是願意蹲下來抱住你、不管發生任何事都不願失去你的人，而不是利用情感佔據你的身體，但又不想負責任的人！

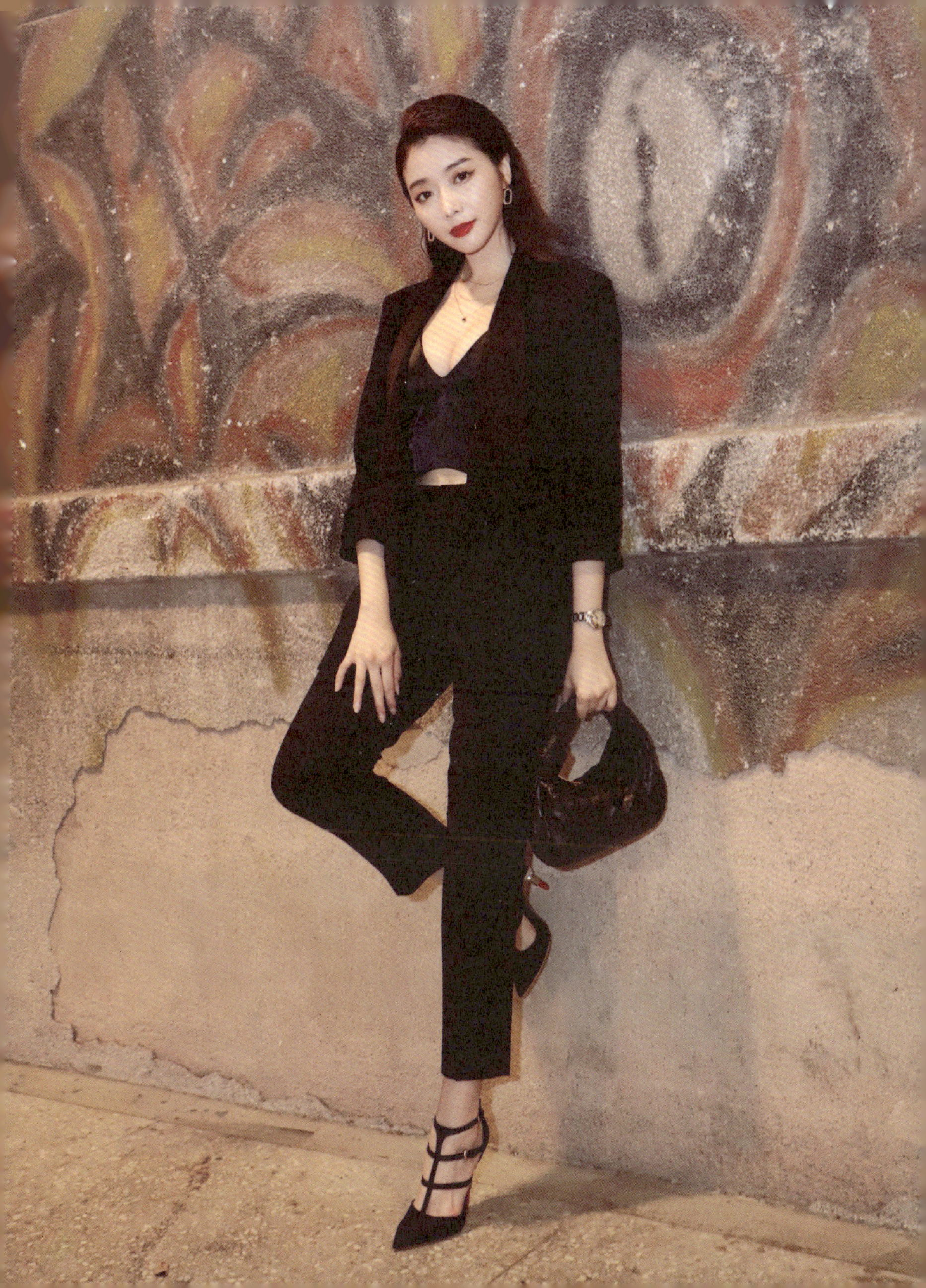

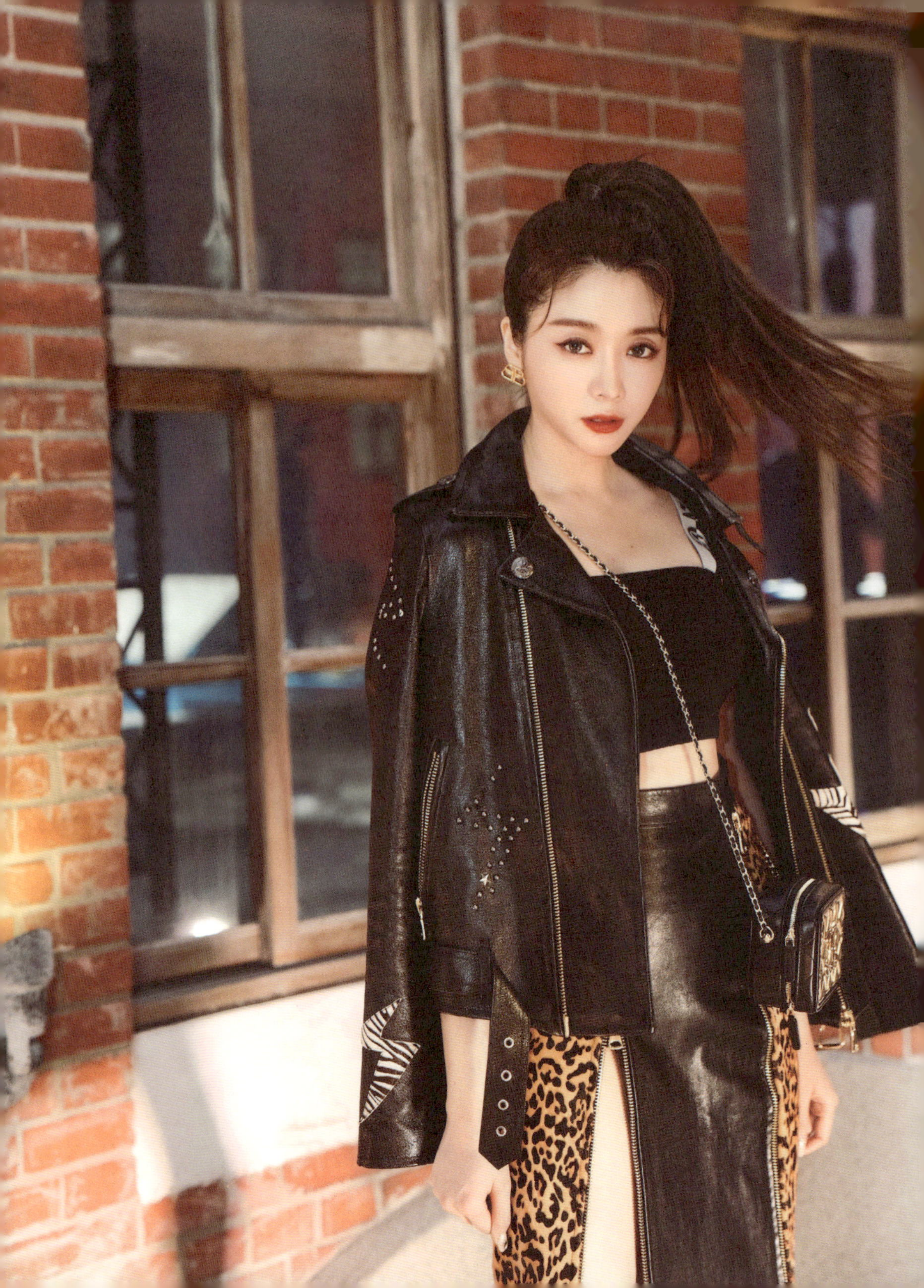

第四章 / 鈴蘭花

遺憾、愛而不得、無法成真

花言·蕎話——
成詠蕎的愛情十誡

錯的時間遇到對的人，再痛也不留戀

　　我也有過很深刻，被當作公主一樣對待的愛情，只是我錯過了這一段非常好的緣分。

　　那位男友長相斯文，大我三歲，對我非常貼心，不管再忙都會抽空回覆我的訊息，還很喜歡做菜給我吃，我們更一起上過烹飪課。交往兩年後，他說想買一個新家，要我陪他一起去看房子，看了好幾間後，他問我最喜歡哪一間，我便說了我認為裝潢設計最棒的那一間。幾天後，他帶我去參觀他新買的房子，上樓後交給我一把鑰匙時告訴我：「這就是我們以後的家，隨時歡迎妳住進來。」這一番話讓我覺得很窩心，認定他就是我要嫁的人。

　　只是當時的我剛從模特兒轉藝人，還只是沒什麼知名度的 Jenny，而不是成語蕎，收入很不穩定，導致情緒也不穩定，但這條路是我自己選的，所以總是報喜不報憂的我，不太敢讓家裡知道我的經濟狀況，只能默默地承受這份壓力。

　　有一天他帶我到書房，跟我說：「妳為了省錢，常常吃得很不健康。」接著打開一個放滿鈔票的抽屜說：「我知道妳現在工作不穩定，當妳有需要時，抽屜裡的錢都可以拿去用。」

花言·蕎語——
　　成詩蕎的愛情十誡

鈴蘭花

把我當家人一樣照顧的他，還帶我去了很多地方旅行，探索這個世界，也吃了很多當地美食，一起開心一起冒險，拍了很多照片記錄我們相處的時刻，創造我們共同的回憶。我想這就是女人需要的，實質上的互動和相處。

但後來他從台北調職到香港，這段遠距離戀情，開始有了一些變化，因為他對我的工作有很多不安全感，這我能夠理解，畢竟藝人沒有所謂的正常上下班時間，加上錄影經常沒有辦法準時收工，所以他有時會因為找不到我而擔心。儘管如此，我們還是很努力地呵護彼此的關係，每個禮拜五他下班後，就會飛回台北陪我，等到禮拜一早上，再坐最早的班機回香港工作，所以當時的我，最期待的就是禮拜五了。

此時他算是完全地走進了我的生活，我爸媽也非常喜歡他，把他當成一家人看待。因為他的爸媽不是台北人，也不住台北，每個禮拜天我的家庭日，愛屋及烏的他，還會陪著我們一起打麻將和吃飯，有時休假甚至一起出國旅行，帶我爸媽到沒去過的餐廳吃飯，對我的家人真的是好到沒話說，算是找不到缺點。

有一次他從香港回來，跟我說剛剛在飛機上遇到亂流，他的第一個想法就是「假如我不在了，妳怎麼辦？」聽到這句話我頓時就感動到哭了，但是是幸福的眼淚，因為他在最危急的時刻，第一時間想到的不是自己，而是我。這段戀情談了三年多，我一直以為他就是我未來的老公，畢竟在遇到他之前，我的情路真的非常坎坷。不過，有一天他問我：「假如我們要共度未來，妳願意放棄現在的工作嗎？」我相信他有能力養我，但當時我的事業剛起步，演藝工作有很多目標想要完成，

/ 鈴蘭花 /

究竟要追求愛情還是夢想，但真正的愛情，不就是要支持妳的另一半往想走的路前進嗎？由於聚少離多，加上對未來沒有共識，我糾結了很久之後，還是決定忍痛分手。

花言·蕎語——
  成語蕎的愛情十誡

/ 鈴蘭花 /

　　雖然我爸媽說我這輩子最傻的一件事情，就是錯過了他，他真的很愛我，我也很愛他，但我認為，我們是在不對的時間遇到了對的人。我一直覺得，既然愛我，就應該要接納我想做的事，我想我一直以來都是很有原則的人，不會為了任何人改變，即使會因為這樣而錯過這輩子最愛我的人，但我確實有思考過，假如當初我放棄事業選擇了他，現在的我是否會過得更幸福？是否在我的演藝生涯就不會這麼辛苦，甚至可以逃脫被酸民抹黑、謾罵的這些種種，也幾度懷疑自己當初的決定是不是對的，不過我並不後悔，我愛他，但我更愛自己，我想為了自己的人生努力。假如那時候我沒有堅持下去，就沒有現在的成語蕎，我很感謝自己當時堅持下來，才會有寫真書、唱片和戲劇這些作品。假如我是現在這個年紀遇到了他，結局也許會改寫，但世界上沒有那麼多假如。

　　我的人生，因為他而真正理解了「愛」是什麼，他曾是這麼全心地愛我，有時想起那段時光，心裡都是甜的，他讓我知道，原來愛一個人可以這麼不顧一切，我也想透過這本書向他說：「謝謝你曾經這麼愛我，很抱歉當時沒有選擇這麼深愛我的你。」（寫到這，我的眼眶早已泛紅了）

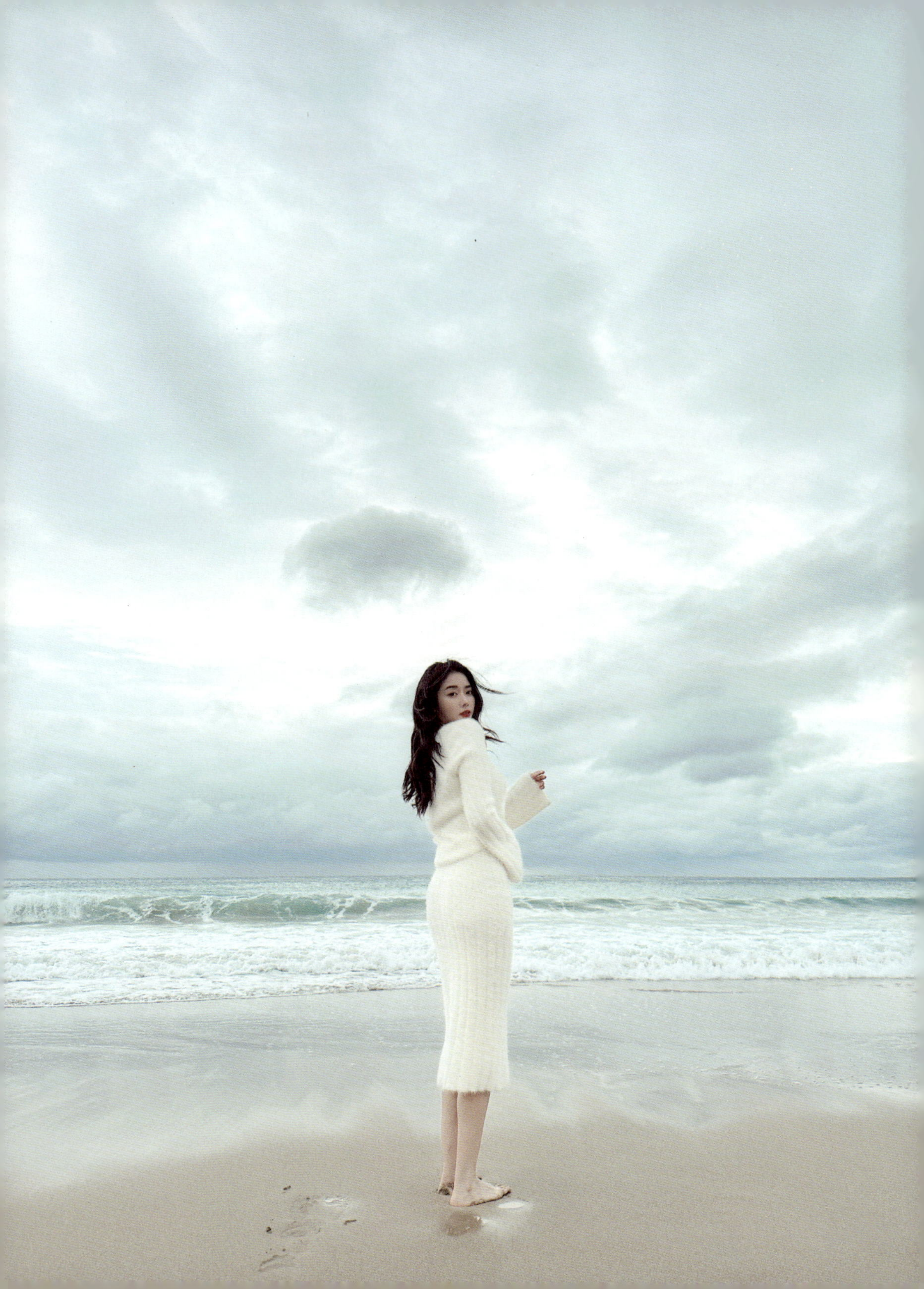

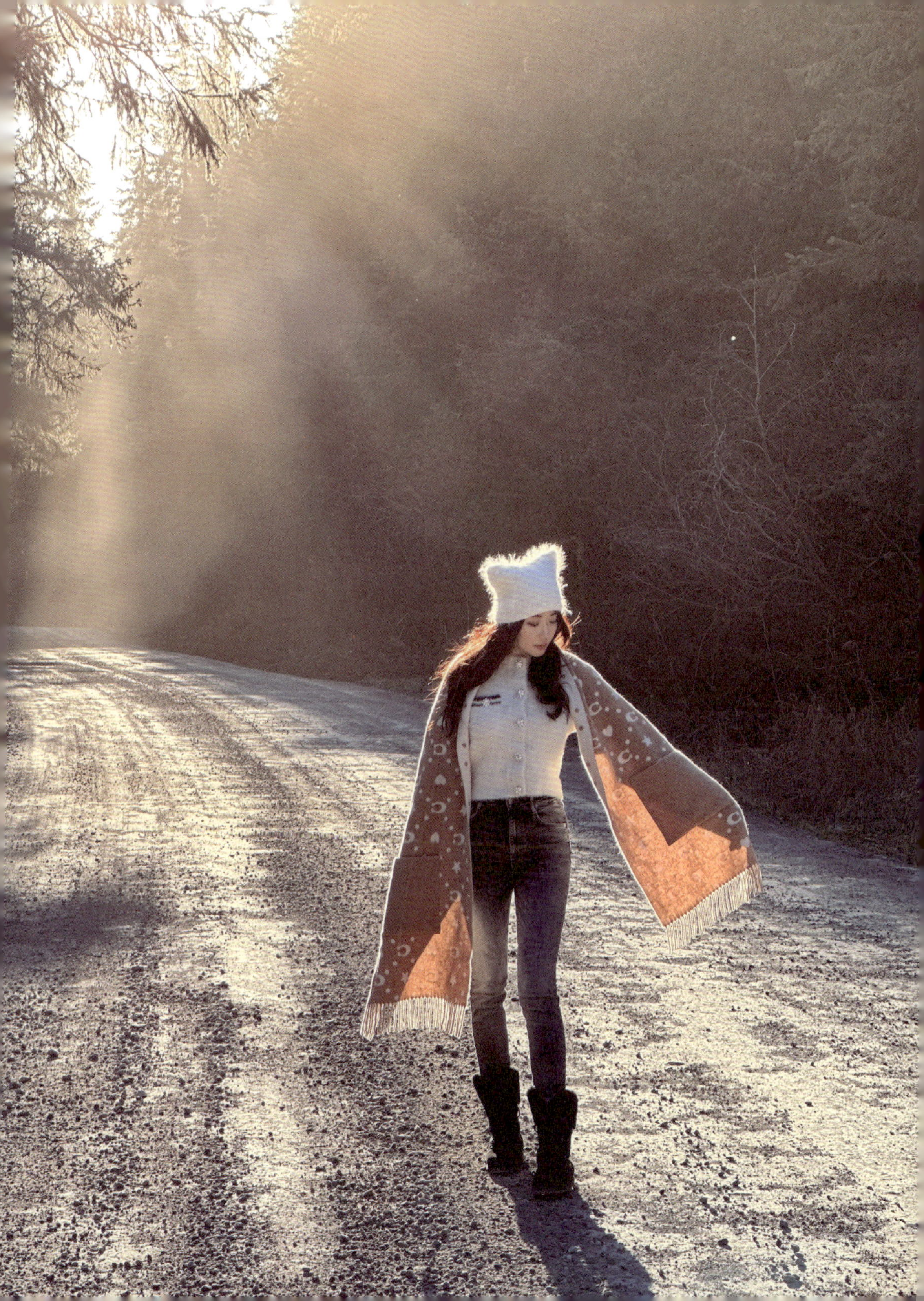

還記得我曾經跟他說：「假如我三十五歲依然沒有嫁人，你就回來找我吧！」他也確實在我三十五歲那年跟我聯繫，約了我喝咖啡，跟我聊了很多他工作上的事，還哽咽地說起搭飛機遇到亂流而擔心我的往事。當時聽到這句話，我的眼淚就落了下來，原來他一直把我放在心上，只是那個時候的我，還是不敢給他承諾，因為我的目標還沒完成，我害怕因為工作而疏忽了他，也擔心自己沒辦法像他愛我一樣那麼愛他，沒辦法永遠把他擺在第一順位。

　　和他分別後，我獨自走在回家的路上，早已哭紅了雙眼，並不斷地問自己「我真的要錯過他嗎？」但我始終沒有回頭。有時候我會想，這輩子是不是再也遇不到這麼好的男人了，但人生的路是自己選的，更重要的是往前走，不管未來的路有多崎嶇，都要帶著正能量去面對，勇敢地向前行，只能更努力地生活，把自己照顧好，然後告訴自己，有一天，你一定會再遇到這樣愛我的人。

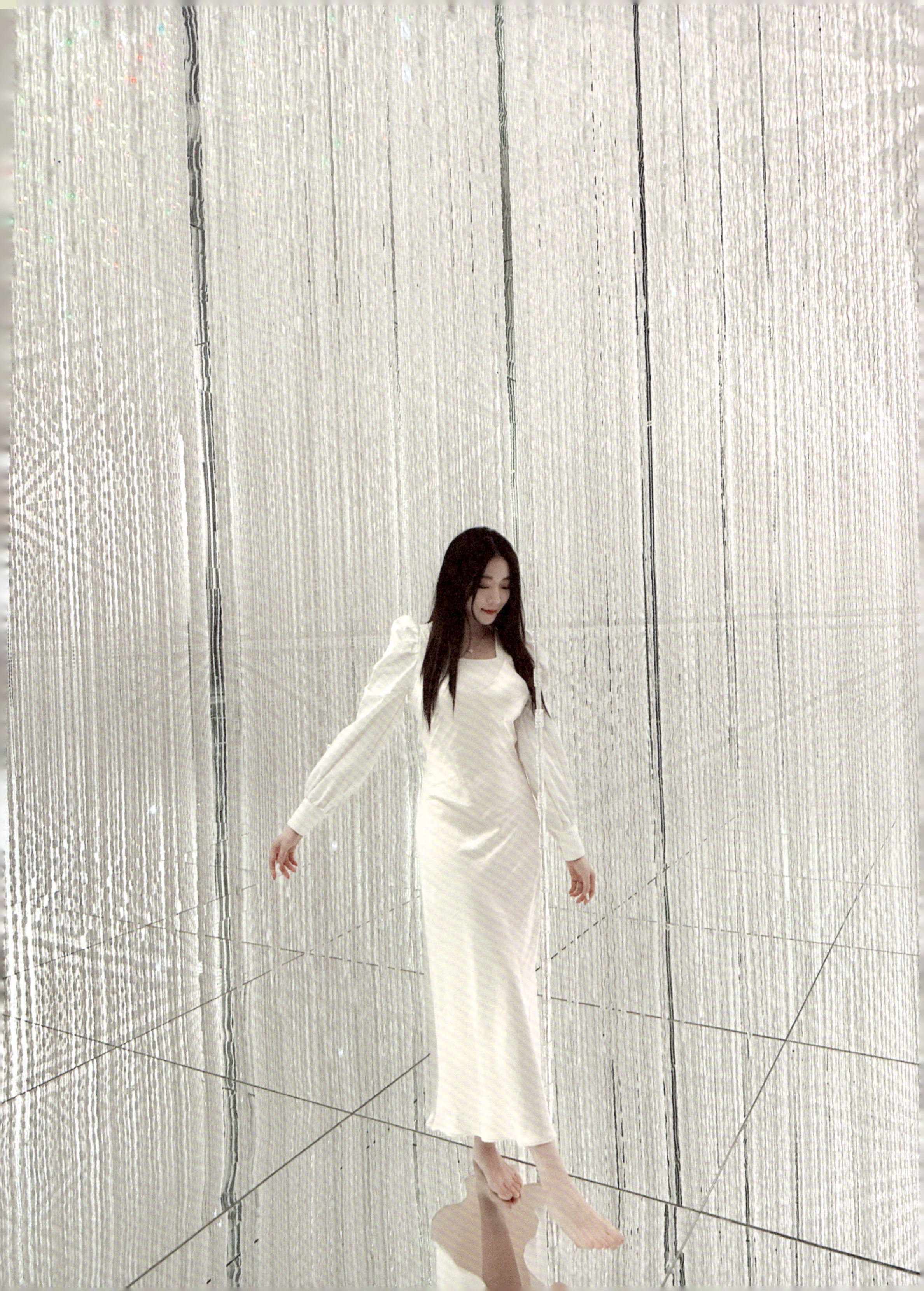

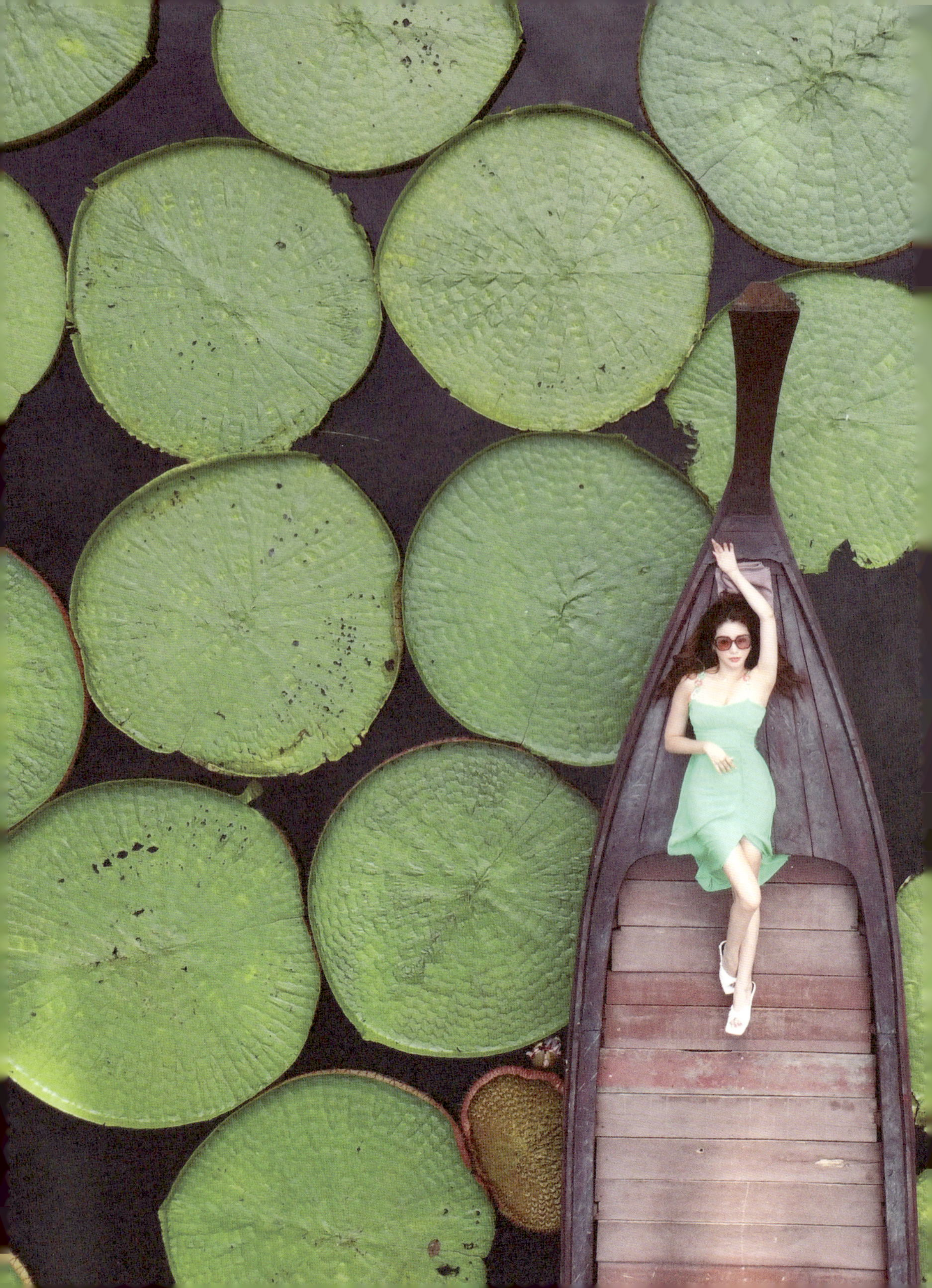

會心動的,無論過了多久時間,都仍會為之動心。
來不及的、不能從頭來過的,就讓它留在心裡懷念;
有些片段,就讓它靜靜地陪伴著我們呼吸。

第五章 / 水仙

純潔、自省、珍愛自我

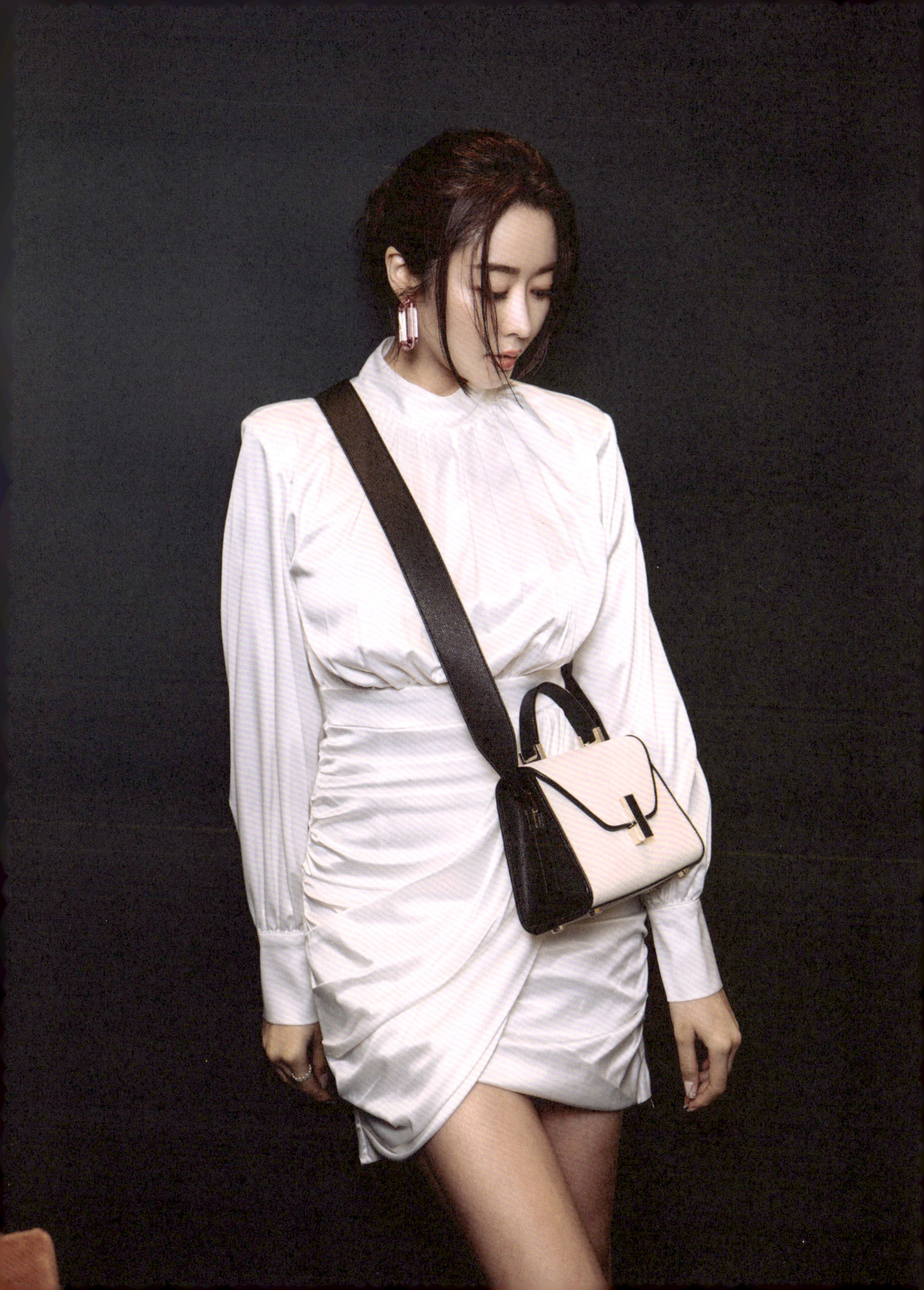

花言·蕎語——
成誌蕎的愛情十誡

日常的幸福最深刻

　　某天，我在朋友的聚會上，遇見一位像是漫畫人物的男生，單身的他，問起現場有誰也是單身，我默默地舉起了手（當然還有其他人舉手），並送他一本我的寫眞書。後來他問我喜歡怎樣的男生，我隨口說了幾個明星搪塞他，並反問他「那你呢？」他要我等一下，接著離開現場，回來時他拿出他的長夾，取出一張紙，竟然就是我寫眞書的其中一張照片，並對我說「這就是我的菜」，讓我當場心臟爆擊，雖然有點被他的直球式告白嚇到，但也很命中，可能剛好他也是我的菜，因爲我喜歡不拖泥帶水的人。

　　那天之後，他開始對我展開追求，我們交往後，他每天都會主動和我分享他的生活和工作，即使見不到面，我卻知道他所有的一切，我想這就是所謂的滿眼在乎吧！他不但非常浪漫風趣，又才華洋溢，臉上總是帶著笑容，也很會逗我笑，像是拿我的口紅在自己的臉頰上畫個愛心，還做了很多溫柔貼心的舉動讓我融化。比如發現我的鞋帶掉了，他會主動幫我綁鞋帶；我的靴子髒了，他會蹲下來把靴子擦乾淨，再親吻我的膝蓋，更說我「怎麼連膝蓋都這麼美」，讓我常常誤以爲自己成了韓劇女主角，不然怎麼會有那麼多浪漫的情節出現！

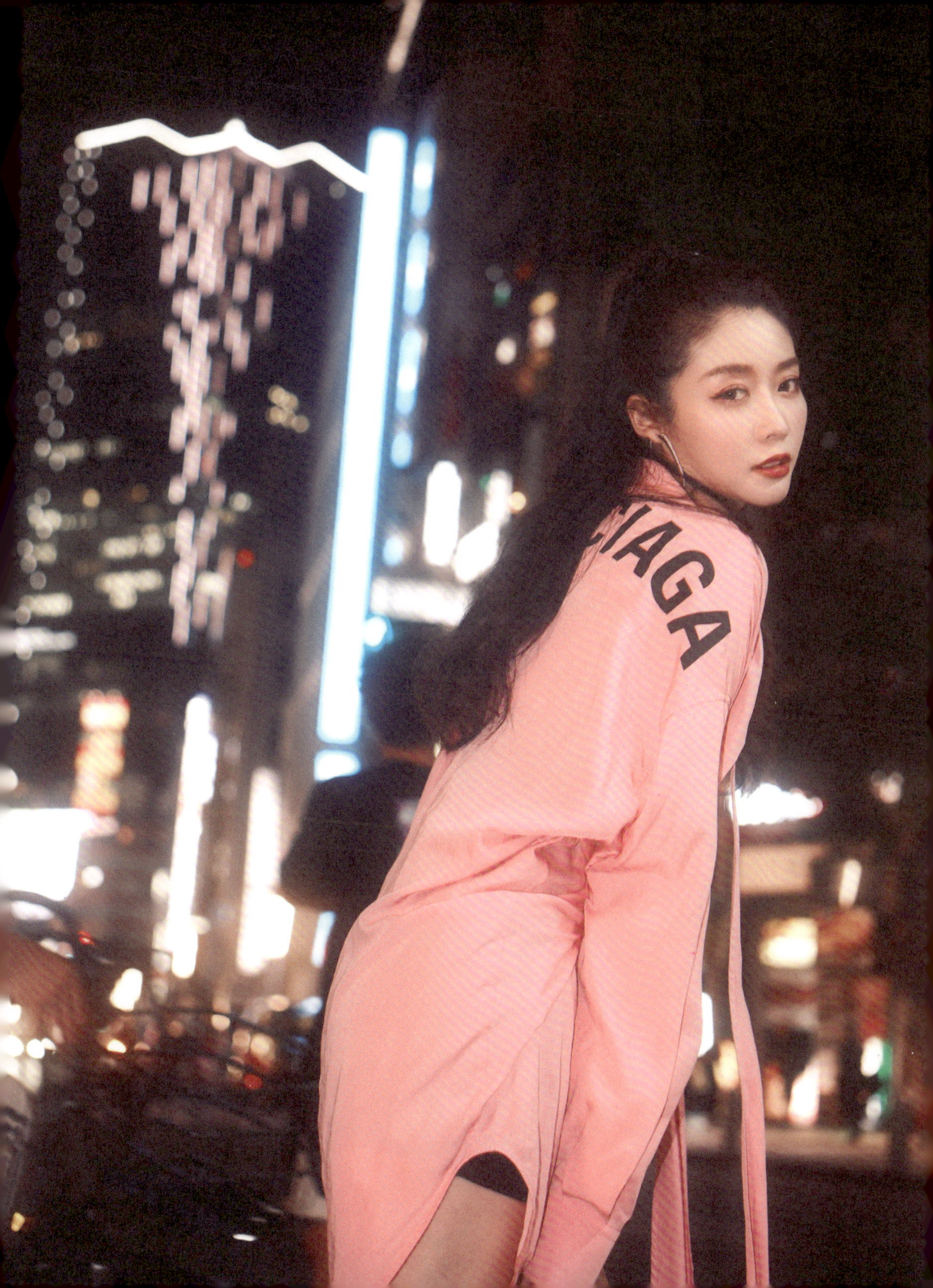

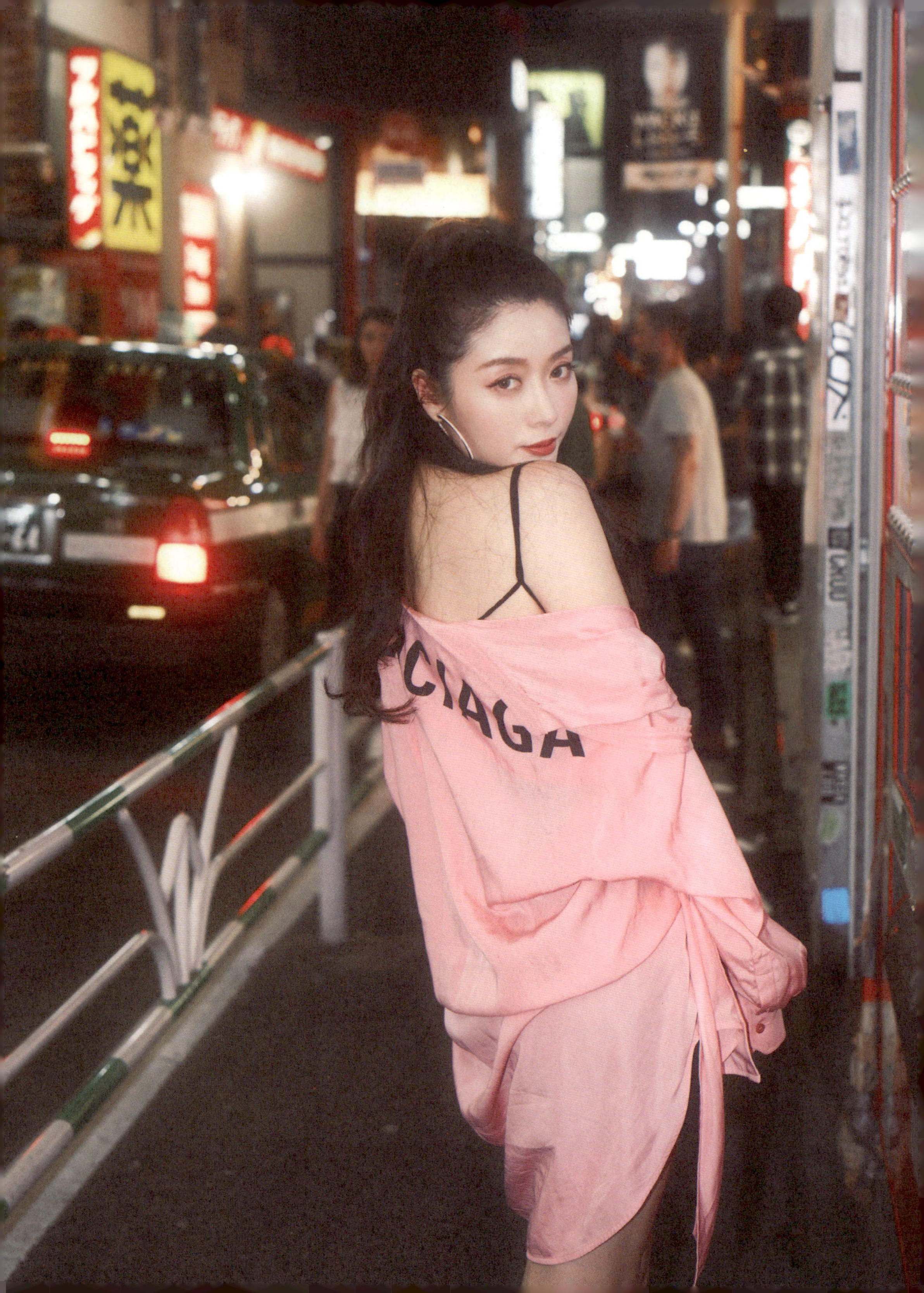
CIAGA

/ 水仙 /

　　除了那些貼心的舉動，我想吃東西的時候，他不管再忙再累，都會抽空陪我。還記得有一次我們在日本旅行，下午兩點半我突然想吃拉麵，雖然已經超過了午餐時間（日本的 Black Time 是下午兩點到五點），他開著車載著我一連去了三家有名的拉麵店，店家都是休息的狀態，後來好不容易找到一家連鎖拉麵店還有供餐，當拉麵上桌的那一刻，他立刻拿起手機拍下我滿足的表情，我想那是這輩子吃過最幸福的拉麵吧！因為有一個男人願意跑了大老遠帶妳吃一碗拉麵，只為了讓妳開心。

　　當然，他的貼心更是隨時隨地都能讓我感受到，例如無時不刻用鏡頭捕捉日常的我，不管是吃飯、走路或發呆，還為了我做了很多他從來沒做過的事情，像是他說過「從來不去任何觀光景點」，在日本時，有天他突然主動說「我們去雷門逛逛吧！」我還特別跟他確認「你不是不喜歡去觀光景點嗎？」他回答：「沒關係，白天人多，我們晚上再去。」我想這就是愛吧！雖然我們是晚上才去參拜，但這樣已經很幸福了。

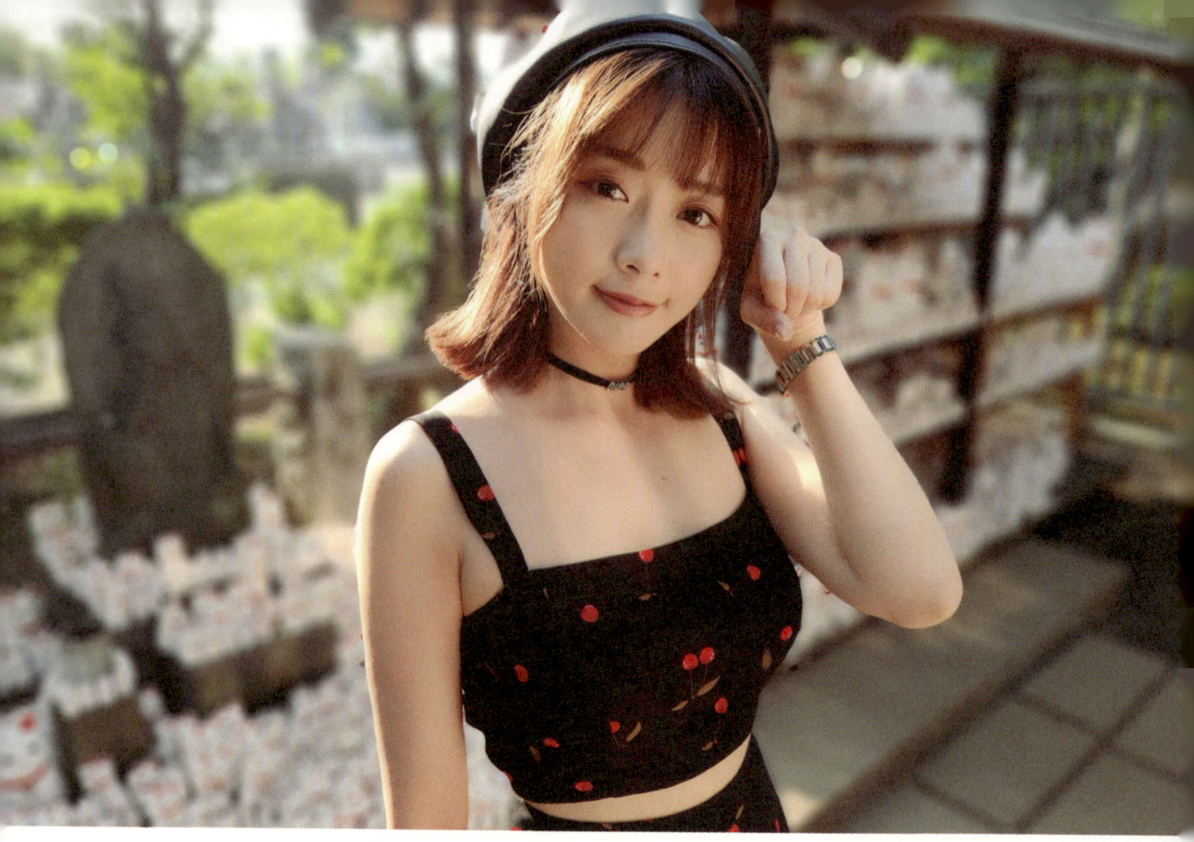

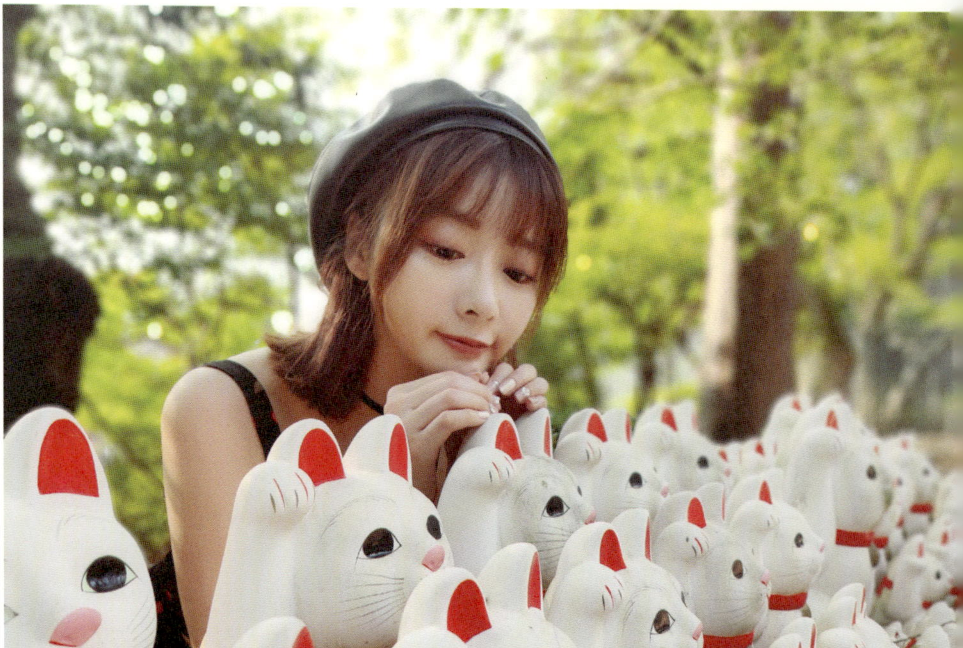

/ 水仙 /

　　女生要的，是滿眼的在乎，是你對她的獨寵，不是虛的甜言蜜語，而是實在的安全感，說的再多，不如直接出現在她身邊。我最受不了的，就是當女生生病了，男生只會回「多喝水，多休息」，應該是「需要我陪妳去看醫生嗎？」或「妳需要任何幫忙嗎？」甚至只是買碗粥，或幫忙叫外送到她家，因為女人虛弱時，真正需要的是看得到的東西，而不是空氣般飄渺的關心。

　　女生永遠吃細節這一套，比如秒回訊息、主動報備在哪裡在做什麼、日常生活的分享、旁人都能一眼看出的佔有慾，或是看她的眼神格外溫柔。

　　細節這件事，無心者怎麼教都學不會，有心者則是連教都不用教。當她說了你才做，這件事就變成很廉價，要是當她說了你還不做，更會讓她覺得自己變得廉價。

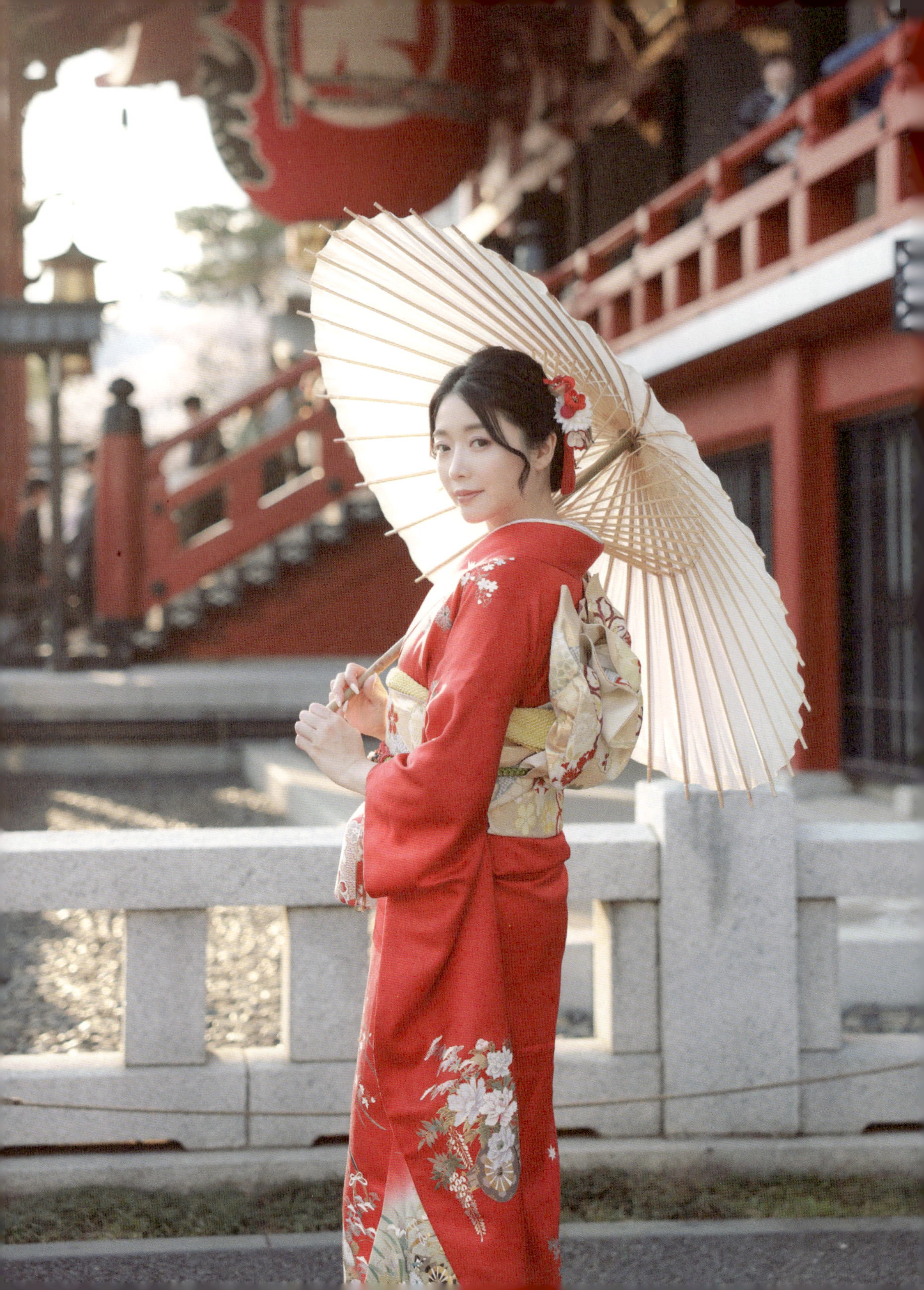

/ 水仙 /

花言・蕎詿——
成詿蕎的愛情十誡

戀愛腦只會迷失自我

　　我必須坦承，我曾經也是戀愛腦，為喜歡的人付出一切，不管是時間、金錢或是精神，比如幫他買他想要的東西、他想吃大餐就請他吃飯、當他哭窮就轉帳給他，甚至看到看到他的浴室很髒，我二話不說，就拿起菜瓜布跪著幫他刷地，只要他需要我，我就會第一時間衝到他身旁。（說到這裡，希望我爸不會看到這本書。）

　　後來我甚至為了他改變自己的穿著打扮和說話方式，變得一點也不像自己，只為了讓他開心，以為我付出這麼多　他一定也會給我同等的愛，但那時我真的太傻太天真，因為後來得到的，卻是他劈腿。

　　這時我總算想清楚，對於別人的要求沒有底線的付出，最終失去自我，那就不能算是愛了，而對方也不會懂得珍惜。尤其是女人，千萬不要繞著一個男人轉，妳必須讓男人知道，妳有自己的朋友圈，有自己的工作和生活，擁有屬於自己的價值，是個獨立完整的個體，而不是任何男人的附屬品。想要跟妳約會，一定要事先約好，不能說見就見，

千萬不要為了男人失去了生活重心，變成一談戀愛就放棄自我的原則、工作及生活，變得不像自己，只為了迎合對方，這是最愚蠢的。

很多人都知道女人要懂得愛自己，但「愛自己」說來容易，執行起來又是另一回事。首先妳必須知道自己要和不要的是什麼，不要被任何人牽著鼻子走，一定要努力讓自己過得開心。至於要怎麼過得開心呢？最簡單的原則就是不要勉強自己做任何事，不論男人女人，一定要懂得自愛，對方也才會愛你，要是你不夠愛自己，對方又怎麼會重視一個唾手可得的人？很多女人都是戀愛腦（當然，包括以前的我），但我發現，這樣的愛情只會讓自己更憔悴，因為當妳開始把男人當成重心，一切以他為主的時候，一旦對方沒有給予相同的回報，那麼妳的工作和心情就會受到影響，變得患得患失甚至疑神疑鬼，其實男人真的很犯賤，越是黏他，他就越想逃，如果不理他，他反而會好奇妳在想什麼，所以要測試一個男人對妳是不是真心，妳可以三天甚至七天都不要主動聯絡，看看他會不會忍不住想起妳，假如七天後他都沒有跟妳聯繫的話，代表他沒有那麼喜歡妳，恭喜妳，可以放生他了。

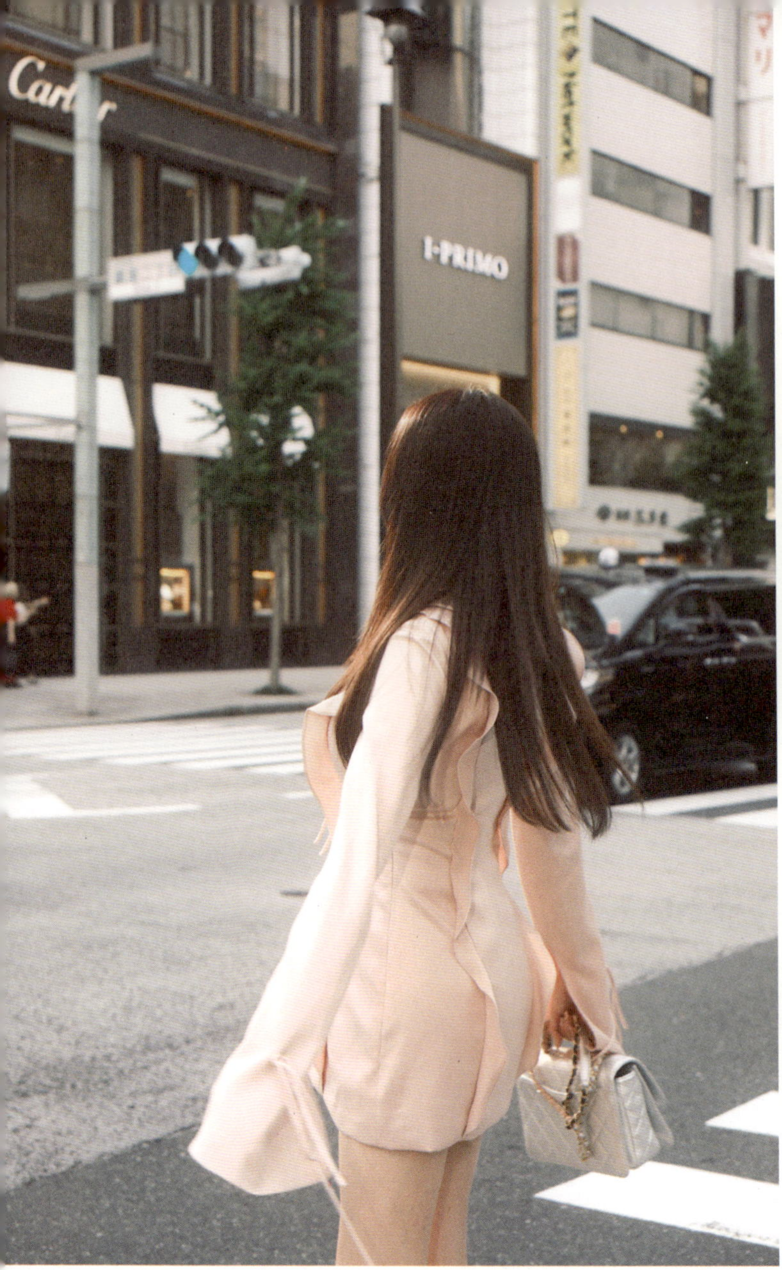
I-PRIMO
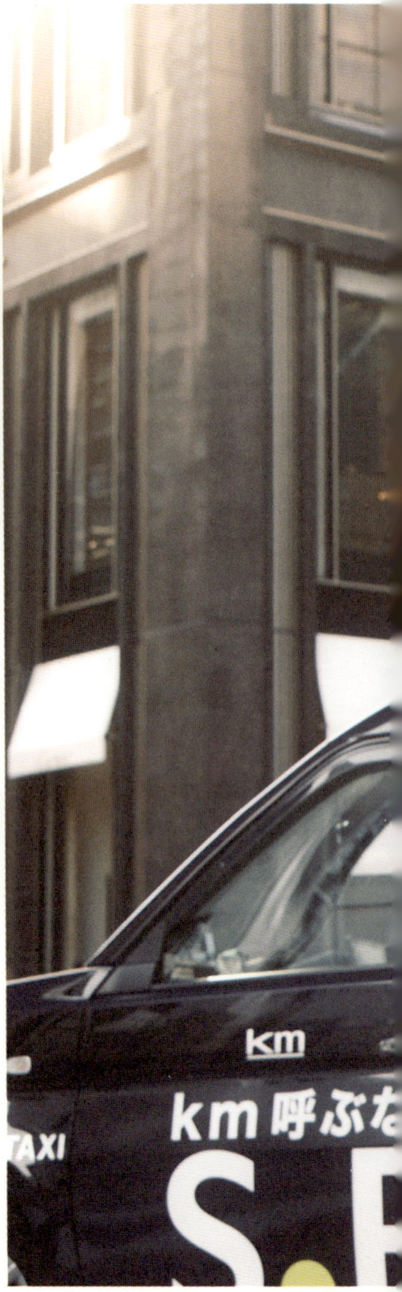
km
TAXI

/ 水仙 /

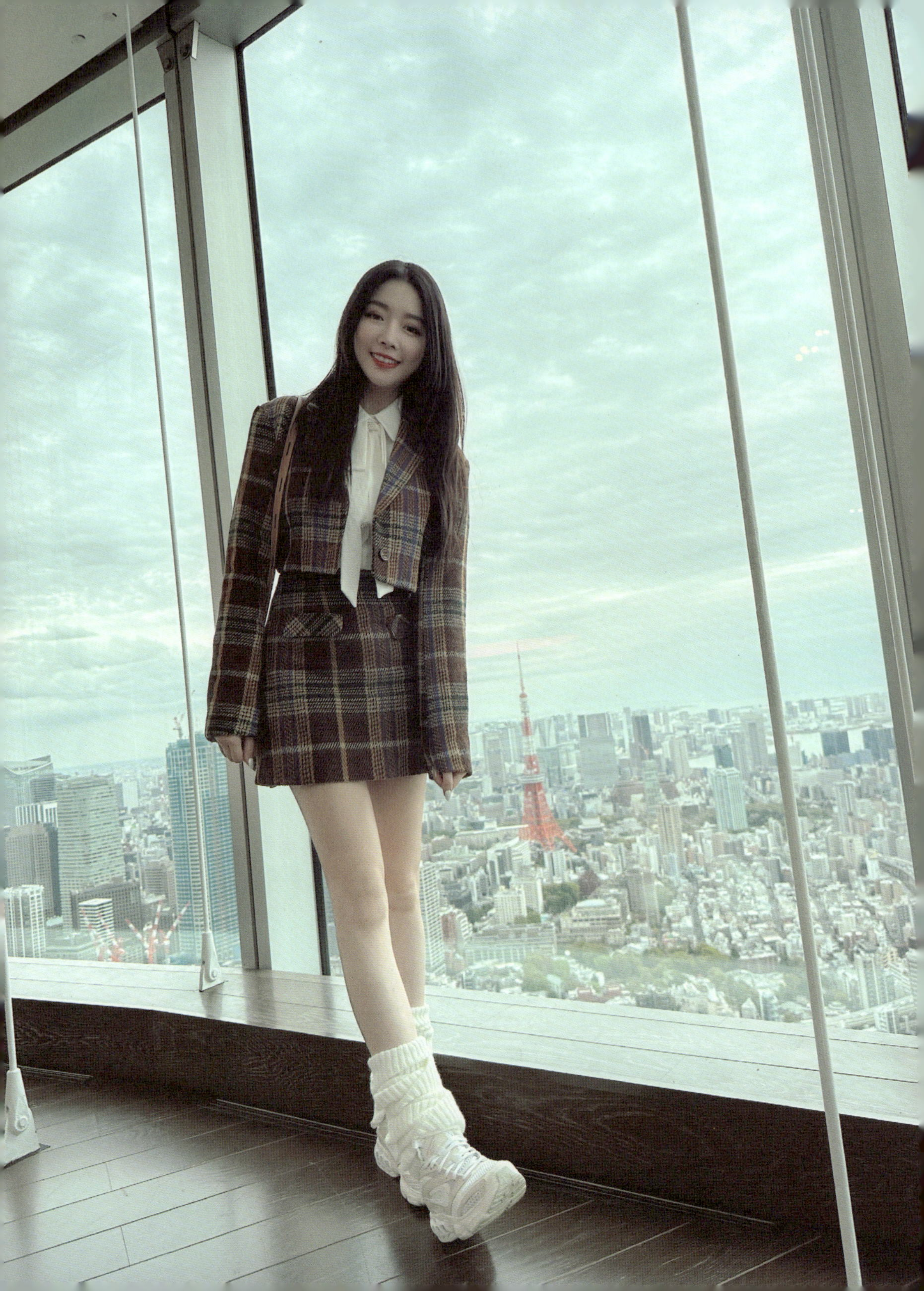

/ 水仙 /

　　想要讓對方後悔錯過你，最好的方式，就是徹底地斷個乾淨，漂漂亮亮地去過你想過的生活，因為他不再是你需要回頭看的人，不用向對方證明你現在變得多好，因為真正的放下，就是把他當作生命中毫無相干的人，不用再去想他會怎麼看待你，把重心放回自己的身上往前走，才能真正地放過自己。

第六章 / 紫色鳶尾

智慧、讚美、光明

KINFOLK

花言・蕎誑——
成誑蕎的愛情十誡

心裡有話就說，別老是想當公主

男人跟女人真的是非常極端的物種，因為我們所想的實在很不一樣，女生心裡都住著一個小公主、小女孩，想要有人理解她、傾聽她和愛她。要讓男人更理解妳在想什麼，我覺得一定要直接說出來，否則男人永遠猜不透。

很多情侶吵架，女生就會向男友抱怨「你怎麼這麼不了解我啊！」但如果妳平常都不告訴對方，他們要如何了解？男人就是直線條的生物，必須明確地告訴他「我希望你怎麼做」，而不是心裡想著「你應該要這樣做」，卻在發現他沒有這樣做的時候生氣，這樣只會讓男人覺得妳不可理喻。

當然，聰明一點的男人也應該試著主動換位思考，去想想「女生現在需要什麼？」、「她現在是否心情不好？」男生一定要懂得讚美女生，其實不管男人女人，都很需要被安慰或稱讚，因為稱讚就是一種心靈上的維他命，當人得到讚美的時候，一定會特別開心，就像考了一百分後被大人獎勵的小朋友一樣。

男人不用隨時隨地都保持最完美的狀態，你在外面可以是個霸道總裁，但在家的時候，有任何不順心的事，你也能在你愛的人面前展現低落的心情，或者當一隻小貓咪，偶爾跟女生撒撒嬌，我覺得超可愛的。

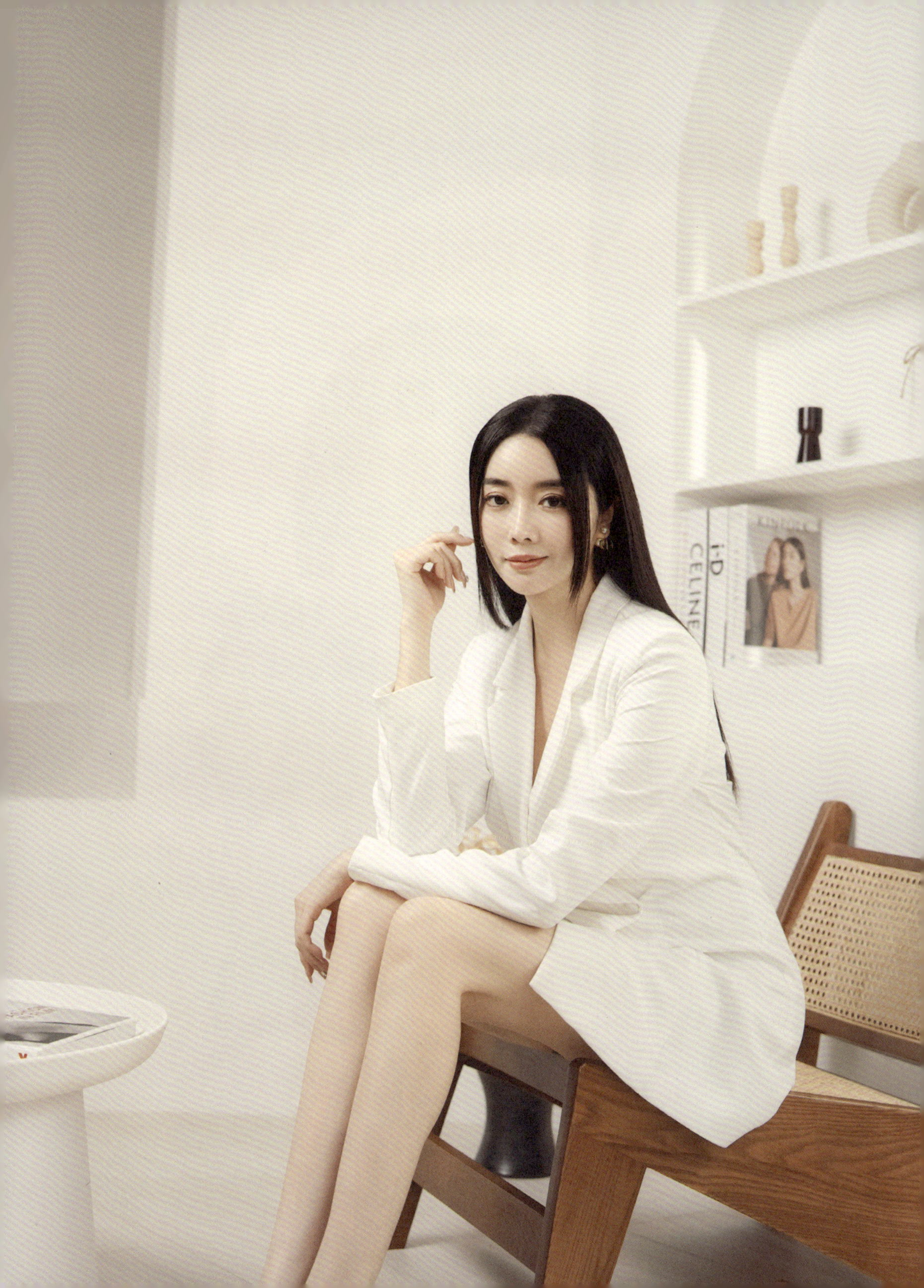
CELINE
i-D

花言・蕎語——
成話蕎的愛情十誡

大家看我的樣子，都以為我超會撒嬌，很懂得怎麼和男生相處，一定被很多人追，其實從小到大，我常常一個人吃飯逛街，因為害怕打擾別人，什麼都是自己做，除了我爸之外，我很少麻煩男生幫我做什麼事。

在感情上，我算是付出較多的那一個，但付出一切和真心，得到的卻是謊言和背叛，傷痕累累後乾脆把心封閉起來，因為害怕再受傷、害怕不被愛、害怕真實的自己被看見，所以也獨自生活了很長一段時間。

後來我的內心甚至生病了，遇到不順遂的感情，都會質問自己「我是否不該存在在這個世界上？」、「為什麼我的情路如此坎坷，難道是我的問題嗎？」、「明明付出了一切，卻沒有得到相同的愛，是我不夠好，還是我不值得被愛？」一個人躲在房間默默地哭。

後來我實在厭倦這樣悲觀的自己，知道這樣下去不是辦法，所以開始沉澱，藉由音樂和戲劇療傷，並每天對自己說「我很愛我自己」，讓內心吸收更多正能量，很謝謝愛我的朋友及家人們，讓我可以走出悲傷，也謝謝我自己，又再次鼓起勇氣往前行。

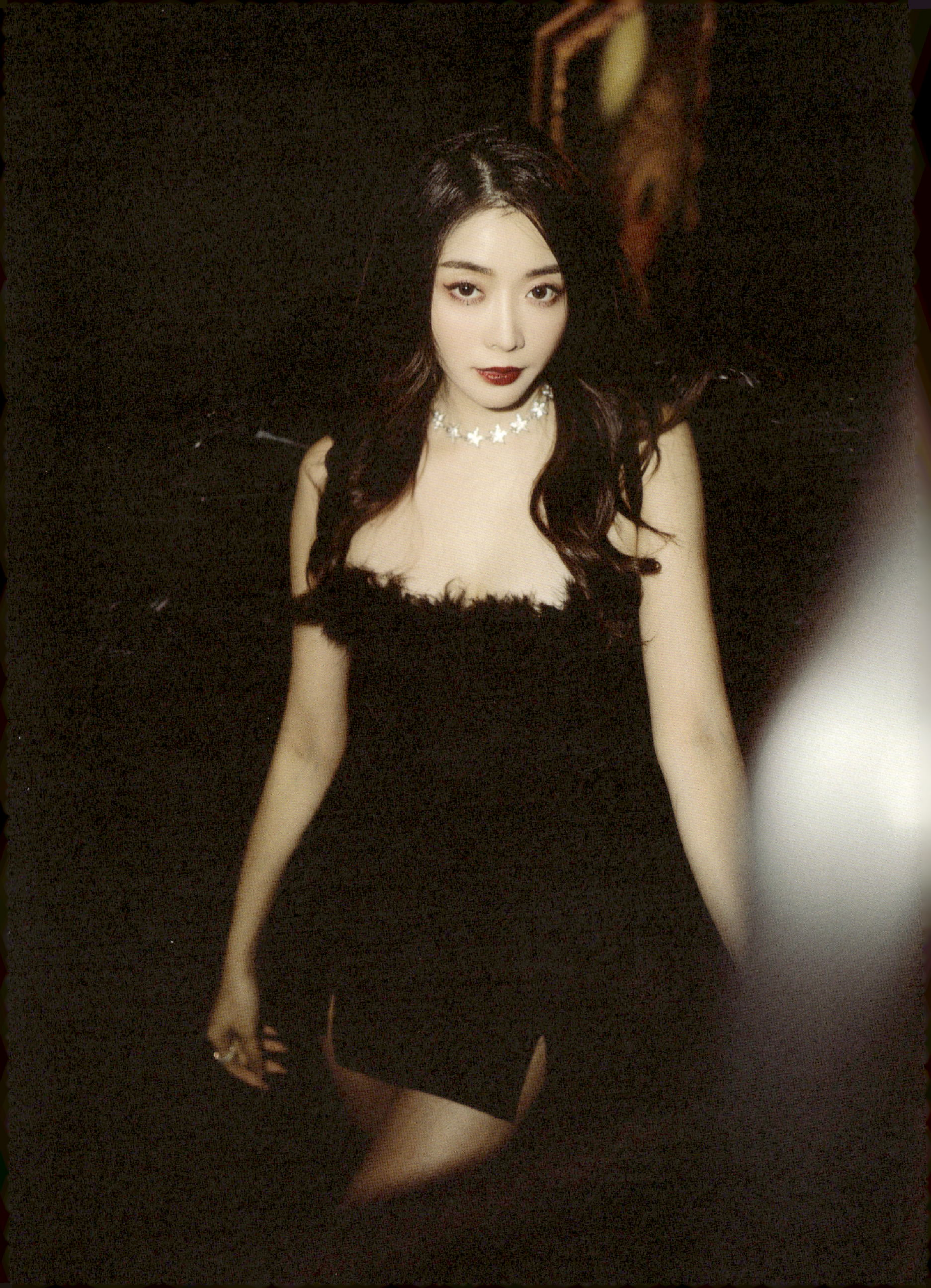

/紫色鸢尾/

花言・蕎語——
成語蕎的愛情十誡

　　我一直相信宇宙的力量，所以我總是很努力地做好每一件事，也會跟宇宙下訂單。我常常在睡前思考很多事，比如工作要怎麼樣才會更好，或是希望能夠與遇到什麼樣的愛情，只要你相信宇宙的存在，這一切都會成真。

　　其實我一直都沒有跟大家說過，從小我就一直想著，有朝一日要站在舞台上。幼稚園時，有位隔壁班同學的媽媽是負責廣告試鏡、選角，有一天我被她相中，開始拍廣告和童裝目錄，在那一刻，我確定自己真的很喜歡站在螢光幕前，一直想要成為「電視機裡的人」。在澳洲留學時，我也當過車展模特兒和中文電台的DJ，回台灣後本來已經通過考試，差點成了阿聯酋航空的空姐；後來透過朋友的介紹，我參加模特兒比賽，如願走進了這一行，開始學習化妝和走台步，除了站上大大小小的車展舞台，也曾和日本的名模一起在世貿走秀，後來被經紀人發現我的個性很活潑，便推薦我上節目，因為效果很好，正式地開啟了我的演藝之路，到現在已經十多年，我很感謝宇宙，也感謝我的粉絲，讓我能夠持續在這個圈子工作，把作品帶給你們，直到有天你們不再想看到我為止。

/ 紫色鳶尾 /

86

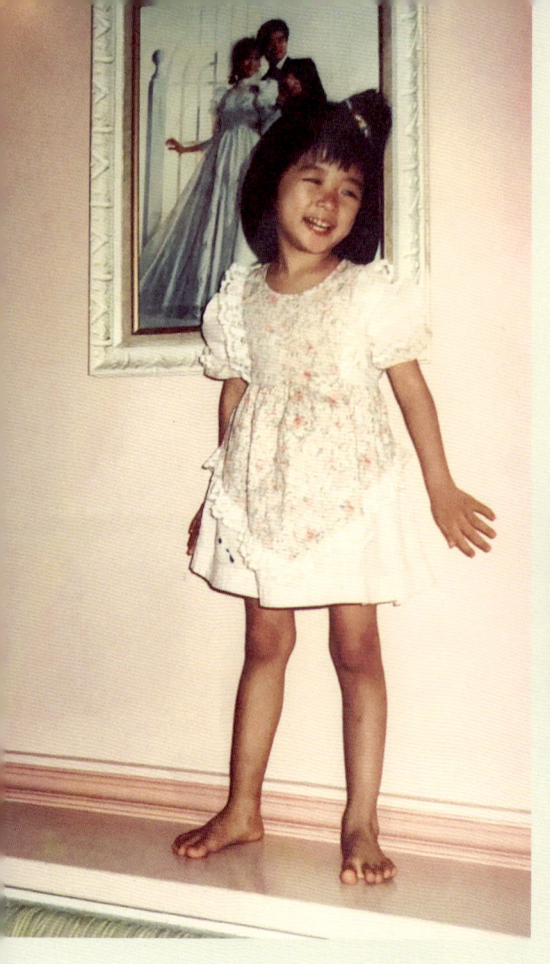

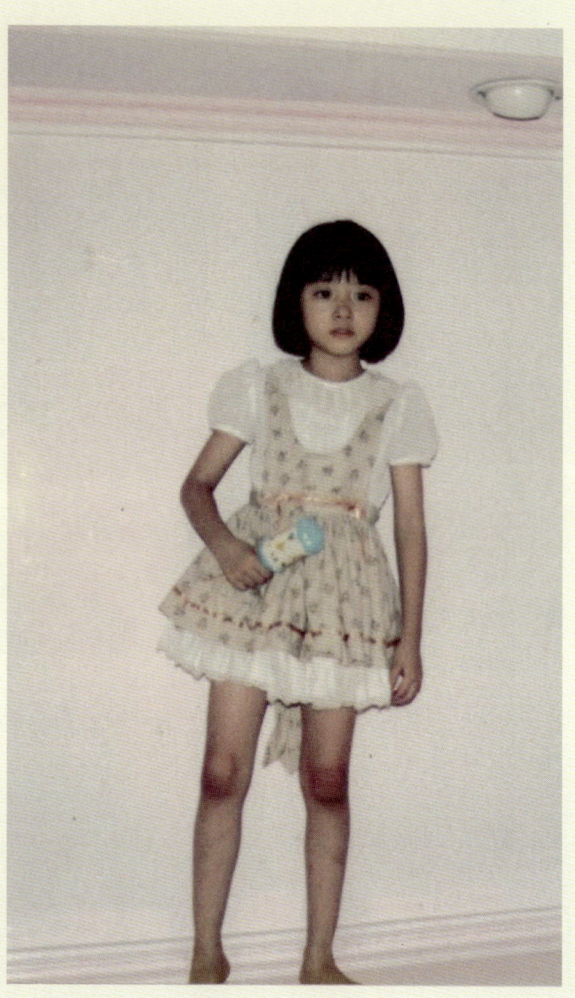

紫色鳶尾

現在的我依然熱愛這份工作，覺得自己很幸福，也很感謝自己沒有讓自己失望，這些年來仍在不斷地嘗試不同的發展。我雖然沒有天份，又不是特別聰明，但是我非常努力，也把握住了比別人多一點點的幸運。當然，也有很多討厭我的人，常常收到很多抨擊我的訊息，但說真的，有時候螢幕上呈現的，並非真正的我，因為每個藝人都有被公司打造的人設，我所展現的如小公主一般的形象，並非百分之百的我，

　　我常常在想，為什麼那些不認識我的人要這麼討厭我、這麼愛抨擊我呢？後來想想那又如何，因為本來就不可能讓全世界的人都喜歡你，所以你又何必為了幾個不認識你的人而糾結呢？我們可以努力變成更好的人，但不是為了討好別人而失去了自己，只要為喜歡你的人好好綻放，這就夠了。

/紫色鳶尾/

花言·蕎語——
　成語蕎的愛情十誡

第七章 / 香水百合

獨立、純潔、無私

花言·蕎語——
成語蕎的愛情十誡

誰說結婚才算圓滿，
幸福就在你手上

　　我從小到大一直很獨立，爲了不讓家人操心，很多想說的話都悶在心裡不敢表達，久而久之，已經成了習慣，更沒發現自己早在不知不覺中生病了。

　　幾年前，我開始常常失眠，睡不著的時候，總是自尋煩惱，腦海裡不斷地回想自己哪裡不夠好，想著「如果當初怎麼做，會不會更好？」經歷了長時間的失眠，常常獨自在家崩潰大哭。後來，我知道不能再這樣下去，於是先去看了睡眠科，在醫生的建議下，我轉診到身心科，才得知自己已經有輕微的憂鬱症，於是，我開始在飯後和睡前服用藥物，來緩解失眠的困擾。這些經歷除了家人，我一直沒跟其他人透露過，生怕自己帶給別人負能量。

　　後來醫生得知我一個人住，便建議我養一隻貓，因爲貓咪能幫助我放鬆。於是，我有了我的女兒 Luna。她來到我家之前，我早早爲她準備好了床，第一天晚上，她卻一直喵喵叫，原來是想和我一起睡。當我把 Luna 抱上床後，她馬上開始踏踏踏，然後翻身露出肚皮要我摸，她那可愛的模樣，眞的超療癒。

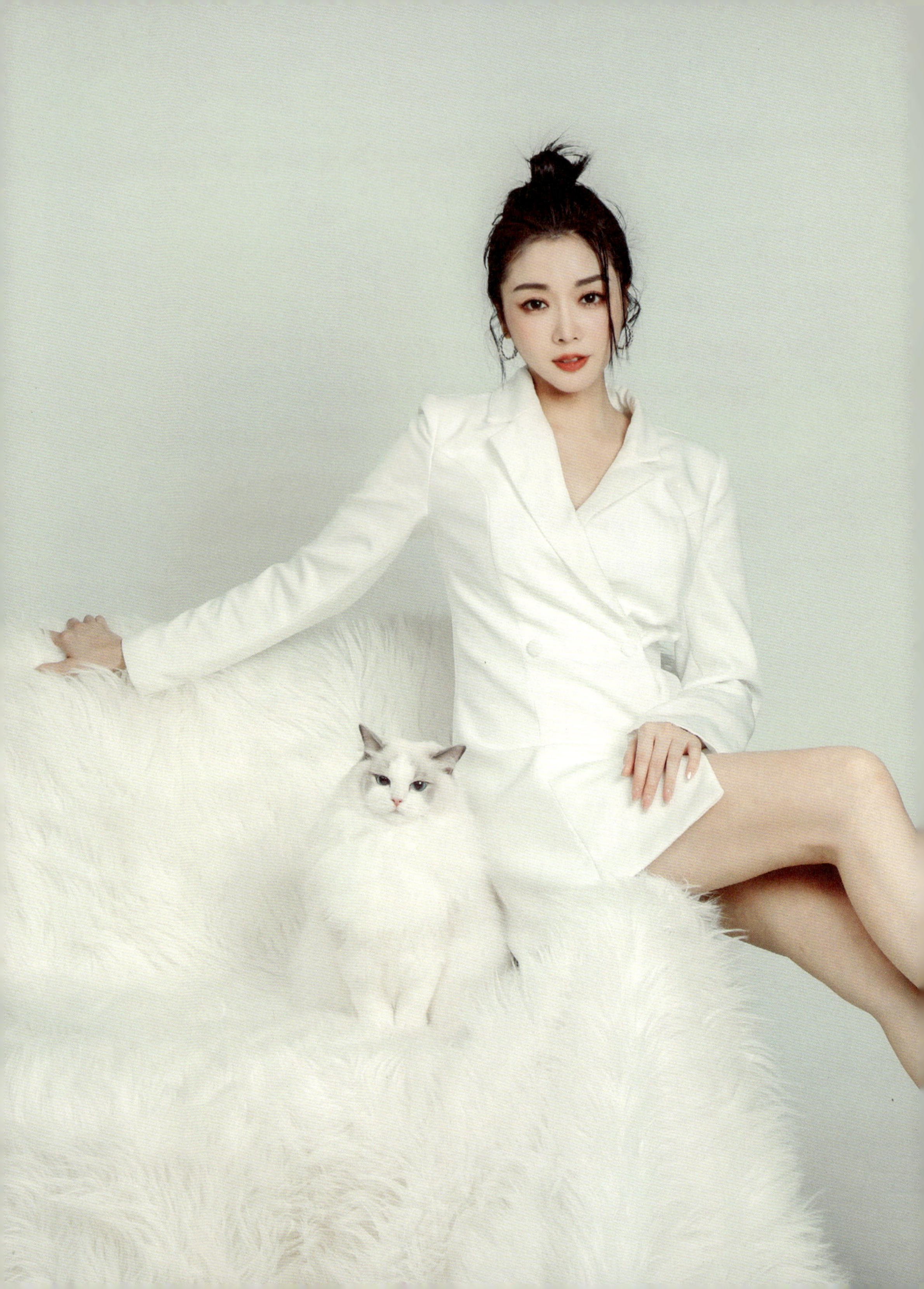

| 香水百合 |

當我每天早上一睜開眼,看著 Luna 躺在我身邊,總是感到無比幸福。我們相遇時,她只有幾個月大,養到現在已經四歲了,我在家無論走到哪裡,她總是緊跟著我,不管我做什麼,她都會陪在我身邊,有了 Luna 以後,我的生活終於變得更加快樂和踏實。很多人說主人是毛小孩的全世界,但我認為,其實因為有了 Luna,我的世界才算完整。

花言·蕎誌——
成詩蕎的愛情十誡

　　雖然很多人說「養了貓就會更難談戀愛。」但我反而覺得有了 Luna 之後，每天分泌的多巴胺，比跟男人談戀愛來得幸福，因為我一回家，Luna 就會立刻過來迎接，每天守著我對我示愛，還會對我撒嬌，把我當成她最親密的伴侶，所以我認真覺得，養貓是我人生做出最正確的決定，有時候甚至會想，假如我沒對象，和 Luna 朝夕相處，其實也過得很好。

　　當然，爸媽對我還是有所期待，我爸總是說很希望能早日當阿公，雖然我開玩笑地回他：「你已經是 Luna 的阿公啦！」但我知道，他想要

香水百合

的不只是毛孩子,而是有血緣關係的孫子。

到底是誰規定人一定要結婚、女人一定要生小孩?女人不是生小孩的機器,除非是自己想生。我最害怕遇到那種不熟的親戚,一直問「妳什麼時候結婚、什麼時候生小孩啊?」真的是很想回他們「關你屁事」,我要過怎樣的人生,是我的自由,其實只要遇到對的人,就會想結婚了,我只是現在還沒遇到,別再逼問我了!真的受夠這些不合時宜的關懷,對我來說那都不是好意,而是無形的壓力。

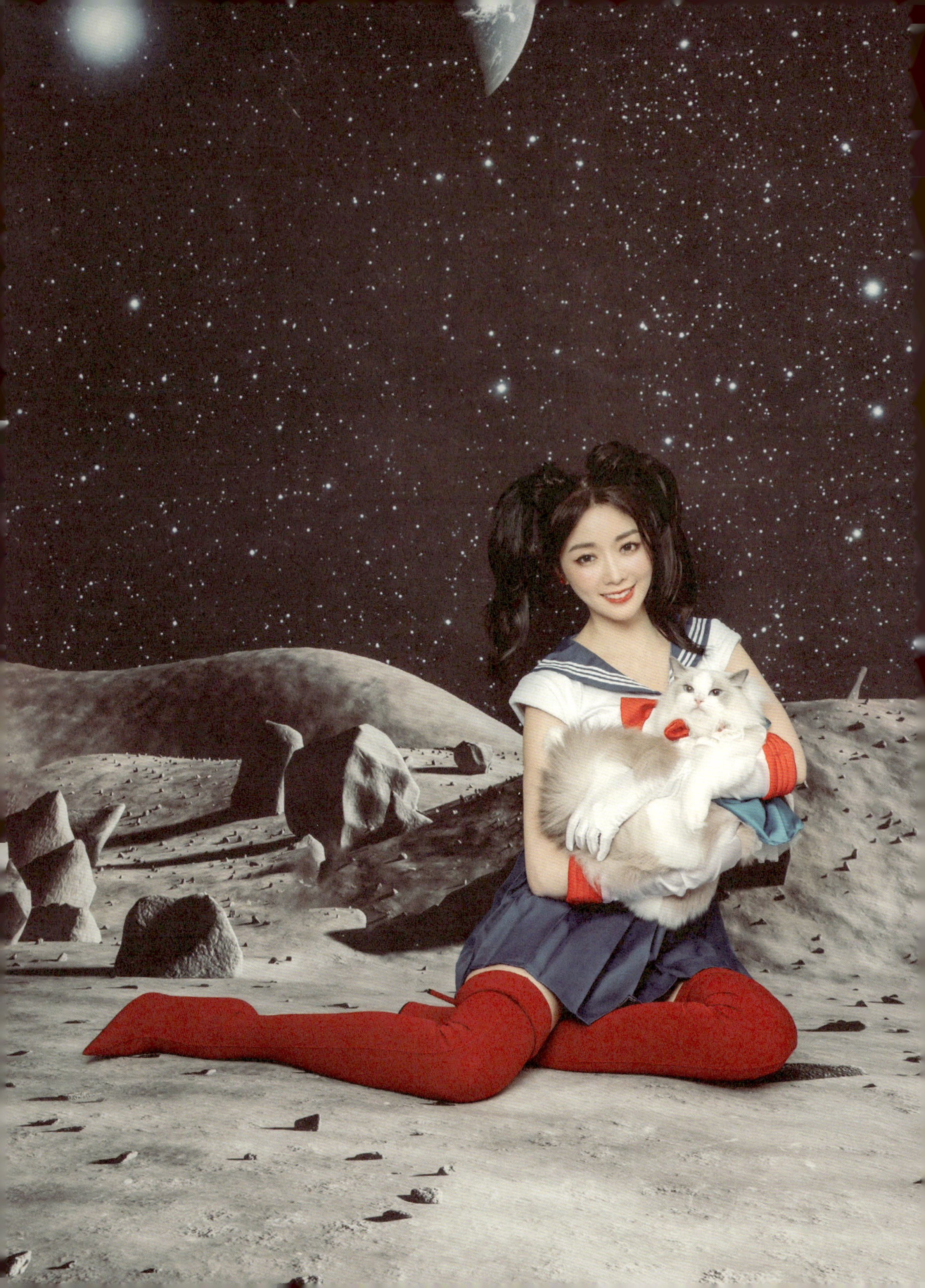

別輕易降低標準

　　相信很多職業婦女跟我有一樣的狀況，年輕時談過幾次戀愛，但到了適婚的年紀，卻始終沒有遇到對的人，還要被各方的眼光及輿論壓得喘不過氣。只是婚姻是一輩子的事，我不可能迫於壓力，就草率地找個對象結婚，幸福與否是自己定義的，千萬不要覺得結了婚才能擁有幸福，或把身分證的配偶欄填上名字，視為人生的終極目標。

　　我希望每個人結婚之後，還能依然保有自身的價值，而不是誰的老公老婆，或是誰的爸爸媽媽，你／妳在為家庭付出之餘，還是要記得為自己而活。我身邊有些早婚的朋友，雖然找到了客觀條件不錯的配偶，卻不是彼此最相愛的人，後來一樣是離婚收場。

　　與其被困在兩個人都痛苦的婚姻中，還不如一個人活得自由自在，當然，我不是在勸各位讀者不要結婚，我只是希望你們要想清楚，決定結婚不是因為不想再承受壓力，更不是為了滿足爸媽的期盼，而是真的找到了願意一起生活一輩子的伴侶。

　　我覺得任何人都不需要為了愛情，降低自己的標準，我曾經因為被愛情沖昏頭，犧牲自己的生活方式，但時間久了，三觀不同的兩個人，會因為很多日常小事意見不合，陷入膠著與痛苦，還會不斷地自我內耗。假如這段感情，讓你的生活與情緒品質沒有一加一大於二，那麼，請你不要猶豫，趕快放手。因為另一半，是你唯一有選擇權挑選的家人，若你們會因為想法不同而產生爭執，兩人之間的愛，也會隨著時間慢慢地被消磨掉，我們要找的是同頻的人，跟你三觀一致，理解你

花言·蕎誌——
成蕎誌的愛情十誡

也能接住你的小情緒，陪著你成長，成為彼此生活與精神上的靠山，提供滿滿的安全感，所以不要著急，寧缺勿濫，好好地當一個主導自己人生的人，因為會陪伴你、守護你到最後的，就是你自己。

90's
nostalgic
birthday
ASIAN
Potato Chips
5 Kinds of BROWNIES
7 Simple Recipes!
SNOWDRIFT

很多粉絲都會叫我「蕎蕎」或是「小公主」，而我真的是我爸媽的公主，直到現在他們依然叫我「寶貝」，我是被家人保護寵愛的孩子。大家都以為我爸爸是富二代，其實他的一切，都是靠自己的雙手打拼出來的，年輕時他帶了五千元，從台南來到台北闖蕩事業。還記得我很小的時候，都是接手親戚的二手衣和二手玩具，直到我弟弟出生後，爸爸才成為公司的老闆，他為了給我們最好的教育環境，從公司下班後，晚上還到我叔叔的餐廳幫忙，以貼補家用，就為了讓我和弟弟讀私立的幼稚園跟小學，他小時候無法擁有的，都會想盡力提供給我們，所以我從小就開始學習鋼琴、芭蕾、長笛和畫畫，雖然沒有持之以恆，但也受到了藝術與音樂的薰陶。爸媽還常帶我們去看電影，或出國看看這個世界，我真的是被爸媽富養的孩子，所以心靈層面一直很富足。

後來全家移民到澳洲，雖然爸爸的公司在台灣，但他為了不錯過我和弟弟的成長，每個月都會飛來澳洲陪伴我們，而且每次都會送我書，也會跟我分享很多人生大道理，他說：「吃虧就是佔便宜，不要害怕吃虧，因為有時候吃了一點虧，或許得到的更多！」當時我還不能完全理解他到底在說什麼，後來進入社會，才明白爸爸的意思；他也常跟我很多時候不要急於發言，有時候一時衝動可能會說錯話，「看破不說破」才是最高境界！

而媽媽爲了我跟弟弟，選擇定居在澳洲照顧我們，一個女人走入婚姻，再爲了孩子放下台灣熟悉的人事物，到一個全然陌生的環境生活，眞的很不容易。早上她要早起做早餐、送我去車站坐火車，下課後她要先去弟弟的學校接他、再來火車站接我，平日的空檔還要上英文課，我除了很感謝她的犧牲與奉獻，也從她身上學到，女人一定要獨立且強大。

　　雖然媽媽很疼我，對我也格外嚴厲，我的放學時間是下午三點，有一次我跟住在附近的女生朋友去喝咖啡，聊到下午五點十五分回家，卻被媽媽關在門外，不得其門而入，因爲我的門禁時間是下午五點，媽媽說，我下課後從北區的學校坐火車回到南區要一個小時，她已經

花言‧蕎語——
成蕎蕎的愛情十誡

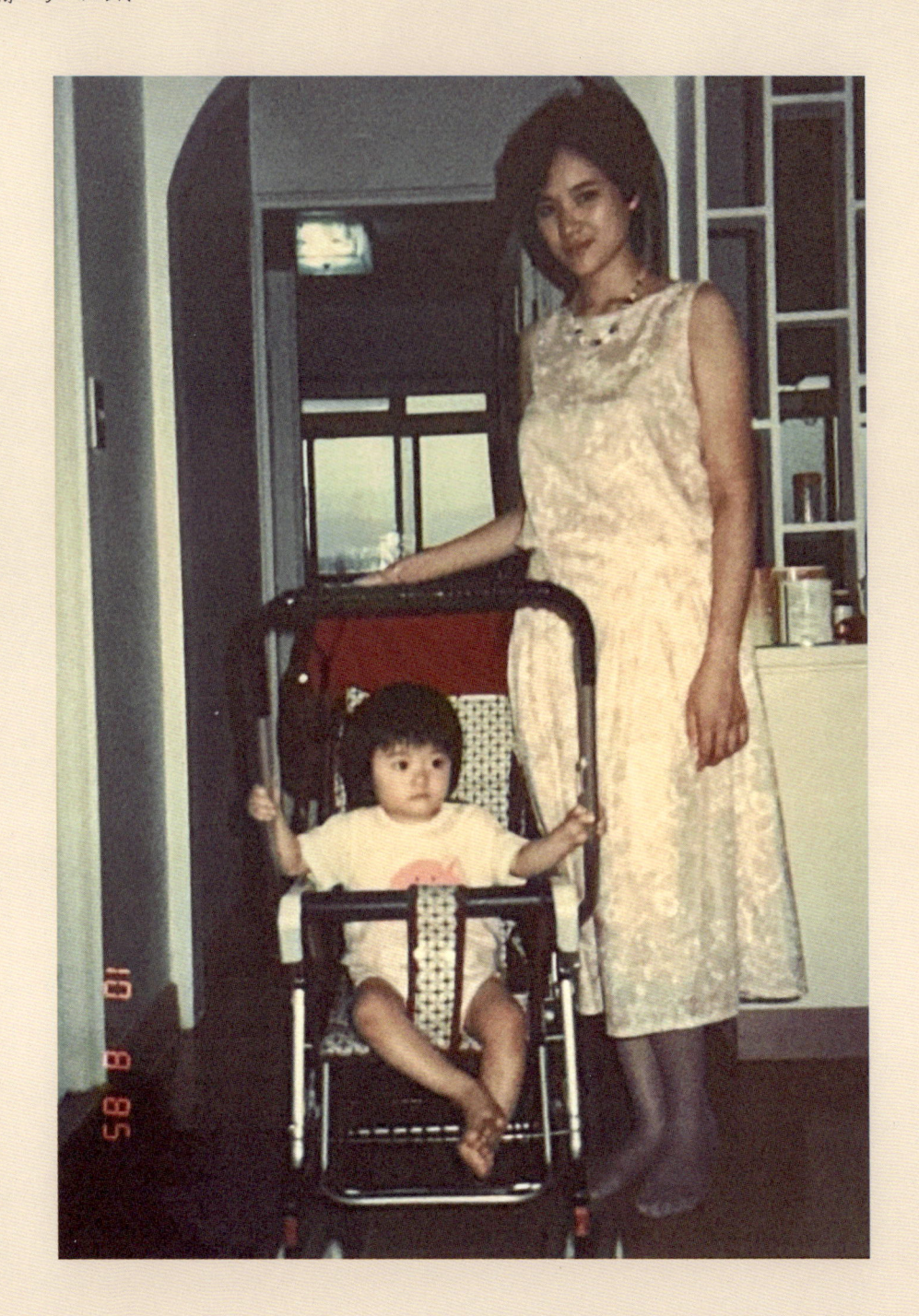

給了我一小時跟朋友聚會，我卻遲到十五分鐘，所以不讓我進屋子。當時我一個人坐在門外，看著噴水池發呆，等了三十分鐘，媽媽還是不讓我進到屋內，我只能在院子裡寫功課，但也是因為她的嚴厲，讓我對自己的要求也很高。

從小到大爸媽真的給了我很多照顧和資源，被家人富養的孩子，天生會自帶氣場與氣質，讓很多異性看到我會有所遲疑，所以桃花自然比較少，也讓那些不同頻率的人直接被過濾掉。

因為原生家庭讓我理解被疼愛是什麼，我本來就該值得這樣的愛，所以當我沒遇到這樣的對象前，我是不會走入婚姻的。前幾天爸爸跟我說，如果我再沒遇到對的人，就去美國進行借精生子，他寧願我自己養小孩，也不要走進不幸福的婚姻，與不適合的人過一輩子。那一刻我真的很感動，因為他沒有對我情緒勒索，要我早點脫單，反而給予我無限的支持和理解。

媽媽也很認同他的想法，笑說我沒有老公也沒關係，反正現在科技這麼發達，我一樣可以生個可愛的女兒，好在我已經凍卵 20 顆，將來要怎麼運用，都是我的自由，沒人管得著。我真的很慶幸有這樣的父母，從不勉強我去做不想做的事情，讓我可以為自己的人生做主，謝謝你們！你們真的超酷！

謝謝我的家人這麼疼愛我，禮拜天是我們固定的家庭日，大家一定會一起吃飯，也會藉這個機會，說出對彼此的想法。由於我從小就被教育，遇到什麼事都要大方、坦誠地溝通，讓我知道愛是互相的付出、是將心比心，所以更懂得怎麼去愛別人。

花言·蕎語——
我誌蕎的愛情十誡

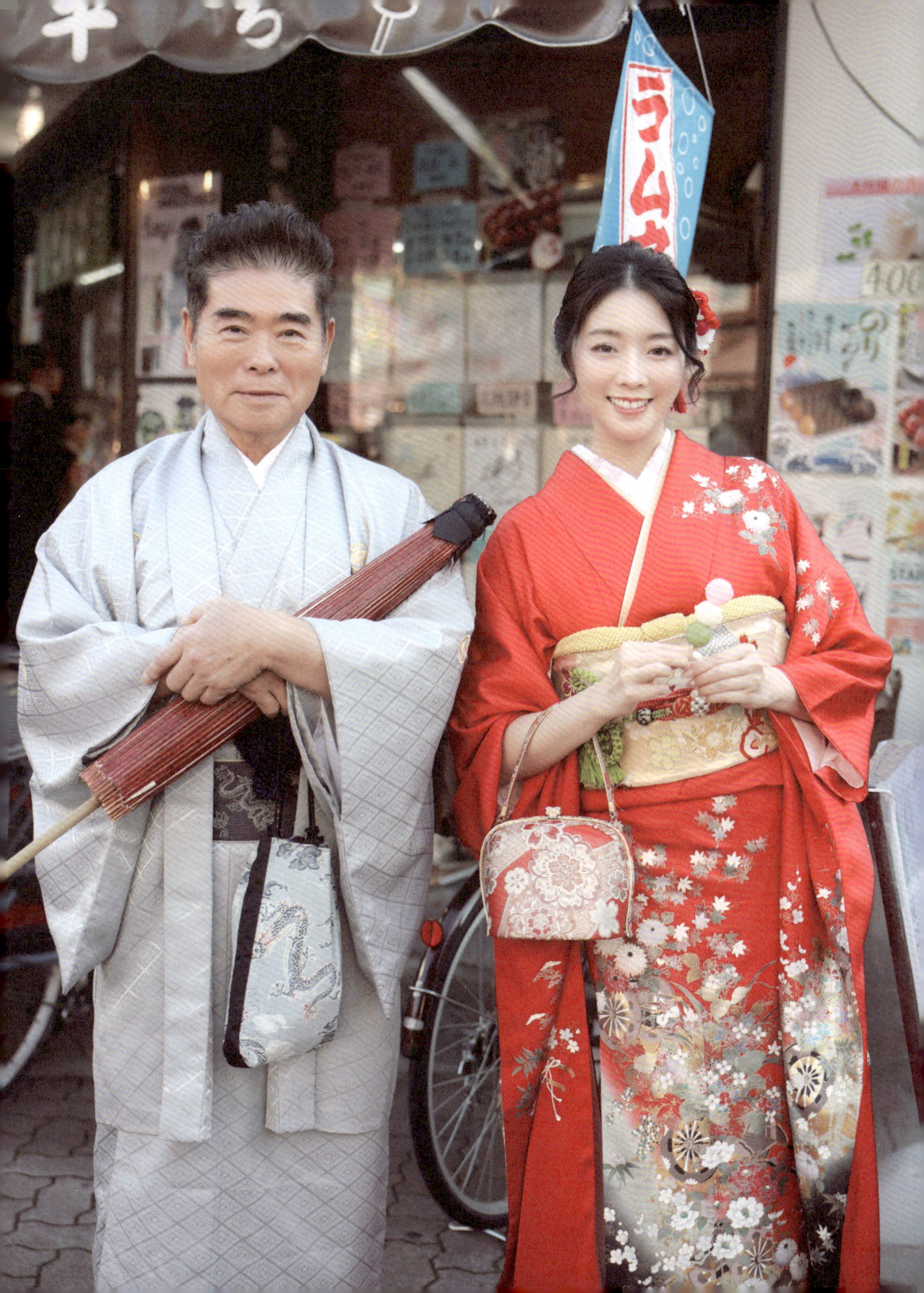
ラム
400

花言・蕎誺——
　成誺蕎的愛情十誡

/ 香水百合 /

第八章 / 矢車菊

細心、愉快、遇見幸福

/ 矢車菊 /

這樣的男人，最具吸引力

「什麼樣的男人最吸引妳？」這個問題，每個女生或許各自有不一樣的答案，而在累積了幾段情感上的歷練之後，現在的我，答案是「可狼可奶」的男生。

我過去交往的對象，不是霸道總裁那一型的，就是貼心會撒嬌的小奶狗，可以說「不是狼，就是狗」。

因為我是天秤座的，月亮星座在巨蟹，導致我的個性充滿強烈的反差，很有自己的想法，也有很依賴人的時候，因為我缺乏安全感卻又母愛爆棚，所以我既有很「S」的一面，當然也有很「M」的另一面，導致我的歷任前男友也很極端，但不論是狼狗還是奶狗，都有很吸引我的特質。

可以歸類為「狼狗型」的男友，通常都帶些霸氣，有時甚至有點霸道，很有自己的想法和主見，還可以幫我決定或規劃很多的事情，把我從左右為難、猶豫不決的困境中解救出來。

但我很粗線條，經常忘東忘西，個性又有一半比較像男孩子，所以這時候總是希望有個小奶狗般的男友陪在身邊，發揮他細心和貼心的特質，替我解決麻煩，有時耍點浪漫，有時對我撒撒嬌，因為我其實是個不會撒嬌的女生，所以只要見到男人對我撒嬌，我就會瞬間融化，也可以給我滿滿的幸福感。

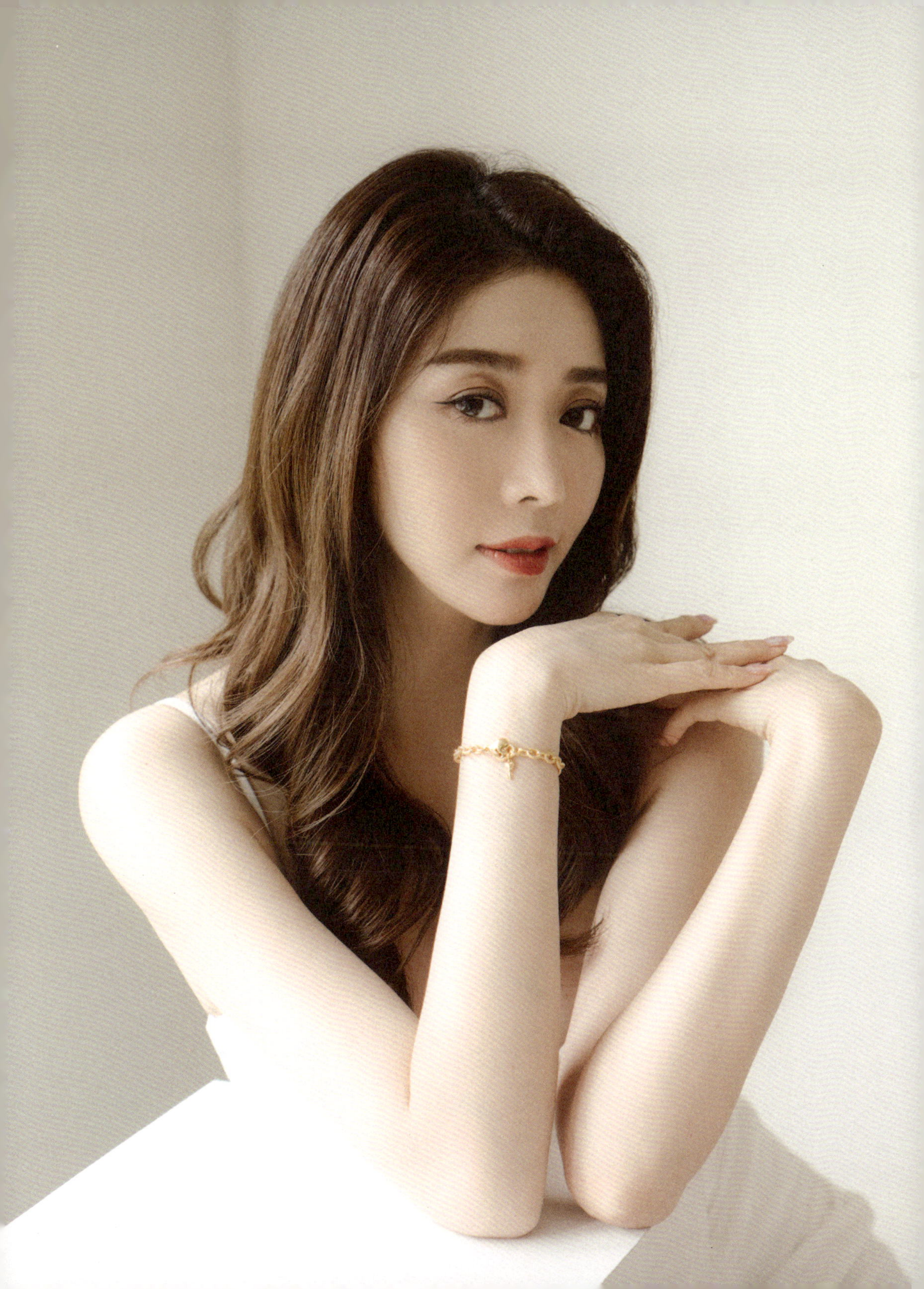

花言·蕎語——
　戒註蕎的愛情十誡

前面提過，我曾經是個十足的I人，因為我在出國留學前非常缺乏自信，不敢主動和別人說話，內向的程度，你們絕對不敢相信。

　　國小時期的我很瘦，暗戀一個學校的風雲人物很久，後來為了能認識他，特地去打聽他在哪個補習班上課並馬上報名，一方面是為了更接近他，也想藉由認識他讓自己更加用功讀書。但因為課業壓力太沉重，我開始靠吃來滿足自己，每天下課先是買一份雞排加珍珠奶茶，補習完回家接著吃媽媽煮的宵夜，一邊讀書寫功課一邊吃，很快就胖到將近60公斤。而我暗戀的那個男生，因為一起補習漸漸成為好友，每次家政課做完蛋塔，雖然賣相不佳，我都會馬上拿去請他吃，他生日我也拿出零用錢，買了一支Casio手錶送他。就在我讀完國一上學

花言・蕎語──
　成誌蕎的愛情十誡

期、準備移民到澳洲前,我鼓起勇氣寫了告白信給他,因為我不知道下一次見面是什麼時候,結果他看完那封信,沒跟我多說什麼,只是送了一個相框給我,至今那個相框,還珍藏在我澳洲的房間裡。

剛到澳洲時,我跟弟弟住進 Homestay,屋主一家四口加上我和弟弟六個人,每天晚餐都只有四道菜,而且還是水煮的,因為生活和心理上各種的不適應,加上不好意思吃太多,我們姊弟倆在短短兩個月瘦了十幾公斤,速度之快,還讓我大腿的內側出現肥胖紋,爸媽來看我們的時候,被我們瘦下來的樣子嚇壞,馬上買了房子讓我們搬進去,媽媽也特地留在澳洲照顧我們,但我其實很感謝那一家人讓我瘦身成功!

在澳洲的那段日子,我和那個男生一直持續通信,我還撿了路上的楓葉做成書籤送給他,雖然他在信中告訴我,他對我只有朋友般的感情,他喜歡的是另一個女生,但這並不影響我們之間的交情。

由於澳洲當地的文化和人們,都對留學生比較友善,在結交了一些朋友之後,我才慢慢地「轉型」變成了 E 人,加上瘦了一大圈,開始有些自信,努力運動和研究穿搭,參考時尚雜誌學習化妝和做造型,就算被電棒捲燙傷脖子好幾次也沒放棄,總算不再是去澳洲前那個不起眼的小胖妹。

那年的 12 月,我趁著暑假回到台灣,特地去以前就讀的國中看看同學,當他們見到穿著白色毛衣黑色及膝皮裙搭配黑色短靴的我出現,眼睛都為之一亮,以前不願理我的,也都圍過來跟我說話。後來,我特地經過那個男生的教室,讓他看看我現在的樣子,認識這麼多年卻

花言・蕎詿──
成詿蕎的愛情十誡

　　沒通過電話的他,當天晚上就打給我,先是噓寒問暖一番,接著問「妳還喜歡我嗎?要不要一起吃飯?我有點喜歡妳了。」當下的我突然覺醒,於是很冷靜地回應他「我不喜歡你了,但謝謝你讓我努力成為更好的人,讓我更懂得愛自己。」

　　當然,我明白人都是視覺的動物,但他明明說過他喜歡的是另一個女生,怎麼能因為現在看到我變瘦變美,就這麼積極地向我告白?這樣不對吧?

/ 矢車菊 /

　　我的努力，讓我成為更好的自己，也知道自己值得更好的人，不該浪費在這種三心二意的人身上，我只是想讓他知道，是他錯過了這麼好的我！

　　如果你想知道到底怎麼和女生開啟話題？其實很簡單，女生就是很喜歡被聆聽和被了解。當你和有好感的對象約會時，最好主動找點話題，讓對方也有暢所欲言的機會，這會比你為了不冷場而老是在說自己的事更有效果。比方你們可以交流彼此的星座、血型，或是一起做

MBTI 人格測驗，快速了解彼此是 I 人還是 E 人，光是這個話題，就可以無限延伸了，接著再問問彼此的興趣有哪些，有個對象能聆聽自己心裡的話，相信不論男女，都會感覺到幸福吧！

不過，男生最好還是多一些自己的想法和主見，這點是很重要的，當你們在討論下一站要去哪裡、下次見面要吃什麼的時候，最令人害怕的意見就是「都可以」，如果真的一時沒有想法，請把這個說「都可以」的機會留給女生，好嗎？像我不管是和男生或女生約吃飯，我會事先訂好五家我覺得不錯的餐廳，再把餐廳的資料傳給對方，讓他們參考和選擇，選好了以後也別忘了提早幾天把沒有選中的餐廳訂位取消，免得造成店家的困擾。其實當你給出建議的時候，不管對方接不接受，這也是從中了解對方喜好與個性的好時機，先多給對方一些選項，再慢慢地找出兩人共同的喜好，距離自然而然就拉近了，不是嗎？

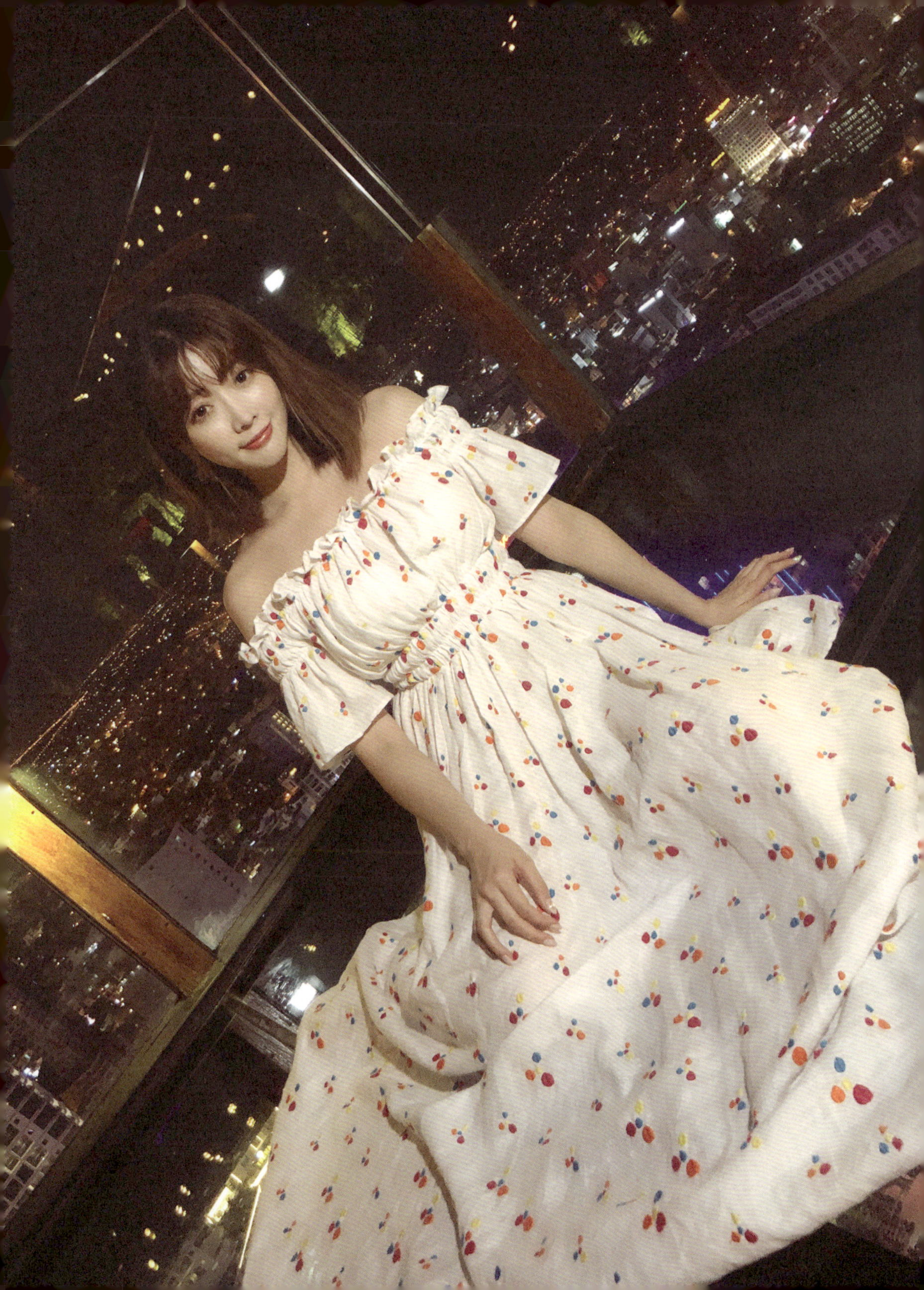

花言·蕎語——
成詠蕎的愛情十誡

/ 矢車菊 /

我曾經認識一個很棒的男生，他第一次約我吃飯的時候，就會問清楚我不喜歡吃哪些東西，點菜的時候就盡量避開，還會記下我喜歡吃哪些東西。雖然這並不是什麼浪漫或霸氣的行為，但能從小地方中展現他對我的重視，讓我時時感受到被他重視，這就是一種日常的浪漫。女人在意的是細節，如果想證明你有多愛她、多在乎她，別忘了用生活中的每一個細節，讓她感受到自己是被惦記、被關心的。

花言·蕎語——
或許蕎的愛情十誡

第九章 / 石榴花

自信、成熟、美麗

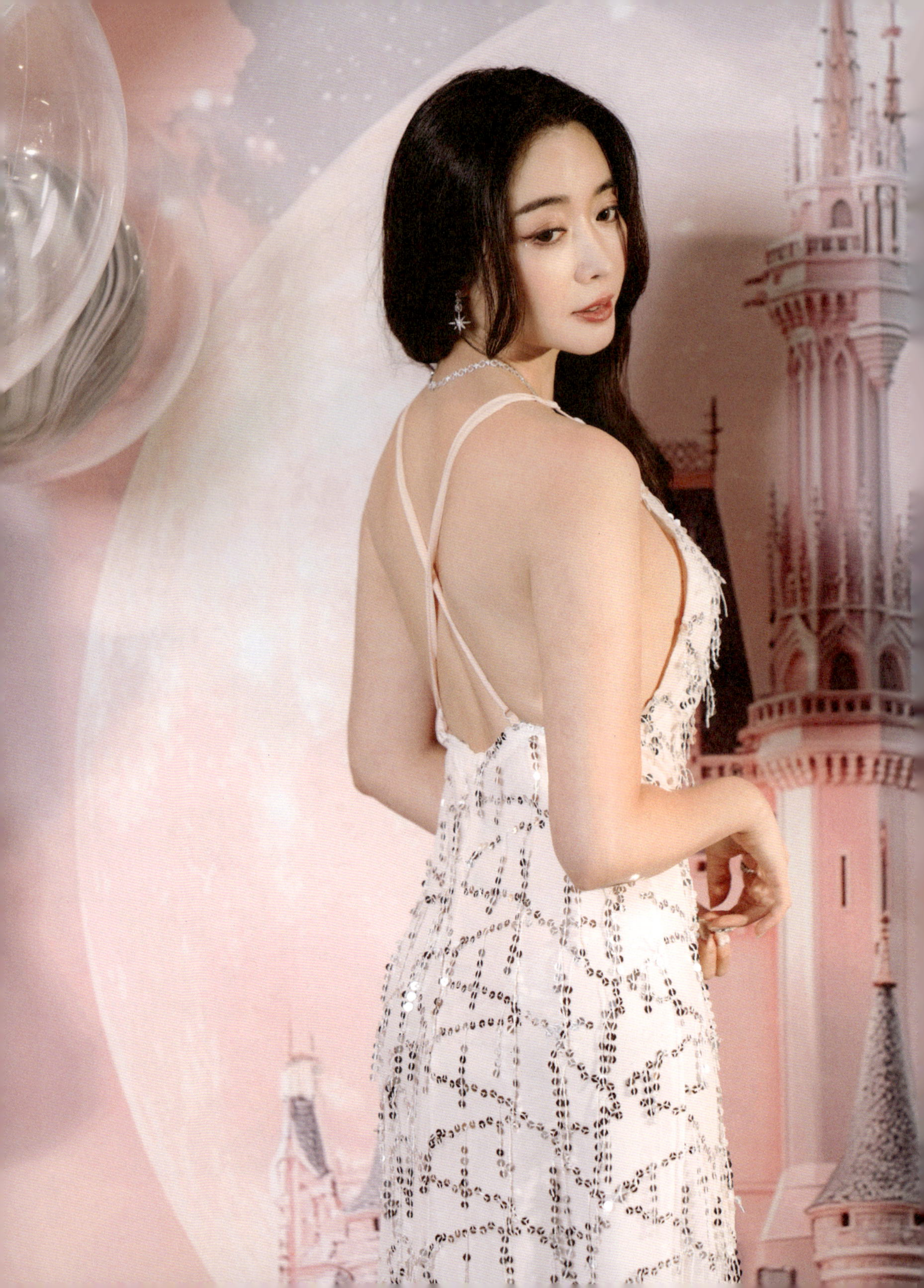

付出真心，但別委曲求全

　　我一直相信「真心相待」這四個字，但我要告訴你的是，並非每個人都值得你的真心，不論是友情或愛情，只要有人踩到你的底線，請記得收起你的善良，轉身離開，因為你們就不是同一條路的人，請把善良留給對的人。感情裡其實最適合自己的，從來不是那個愛而不得的人，而是看透了你的缺點，依然願意留下來、義無反顧地陪著你的人。

　　對我來說，愛情絕對不是一時興起，所以每次談感情，我都是百分之百投入，所以特別容易受傷，也造成後來的我因為害怕受傷，變得很有防備心，更害怕被深入地了解。其實我本來就是個多愁善感的人，不論是看書、聽音樂或看電影，都很容易有情緒波動，所以特別能理解旁人的感受，以前的我很傻，總是會為了迎合別人而委屈自己，後來我長大了，我明白即使迎合對方，他也不見得會把你當成重要的人，所以不管是友情、愛情或工作上，千萬不要委屈自己去做任何事情，不要讓人踐踏了你的善良和真心。

　　現在的我對很多事情早已看淡，揮別過往那些只會帶來負能量、或傷害過我的人，好好珍惜留在身邊的人，我很珍惜與這些人相處的每分每秒，也很珍惜自己在工作上的每次機會，雖然過往的傷疤並沒有消失，但都是我成長的痕跡，也多虧這些人，讓我變得更強大、更勇敢了。

花言・蕎語——
成蕎的愛情十誡

　　可能時代變了，我發現現在很多人都很享受與不同的人約會、被眾多對象追求的感覺，但我不可能走這個路線，因為這是我給對方的基本尊重，也希望他能同等對待，所以我絕對不會有所謂的「備胎」，如果在只是簡單的約會、雙方還沒有確認彼此關係的階段，我認同可以多認識幾個有待觀察的對象，當然前提是這些對象也一樣是單身中的狀態。一旦有了男朋友之後，其他男生對我來說，都只是空氣般的存在，我不會保留任何想像空間，也不會把對我有好感的男生當成工具

石榴花

人。我甚至可以說，我就是工具人本人，除了因爲早早養成的獨立性格，我還是很多姐妹的工具人，常常被求救，幫他們處理超多事情，所以我不需要工具人或備胎。

　　我不大理解爲什麼會有「備胎」這樣的人存在？平常要跟男女朋友聊天，還要再花時間跟備胎互動，我光用想的就覺得好累，可能天秤座的我特別懶吧，懶得說謊、懶得騙人，我寧願把時間放在自己身上！「工具人」這個詞我也覺得超好笑的，到底爲什麼要有工具人？我曾看過某位女生，穿衣風格就是那種超級乖的鄰家女孩系列，但她眞的超奇葩，有好幾個工具人，並從那些男生身上得到她想要的，不管是開車接送、禮物、甚至是生活費用，她的一切開銷都是靠男生，而且這些工具人，明知道她有男友，還是願意爲她付出。我個人是不大理解這樣的模式，畢竟我以前都是當盤子的角色，所以眞的覺得很不可思議，難道眞的是不要臉的才有糖吃嗎？我們這種高傲又臉皮薄的人，眞的做不到，因爲我不喜歡騙人也不想撒謊，坦蕩蕩才是我的作風，「從一而終」是我對感情一貫的態度。

/ 石榴花 /

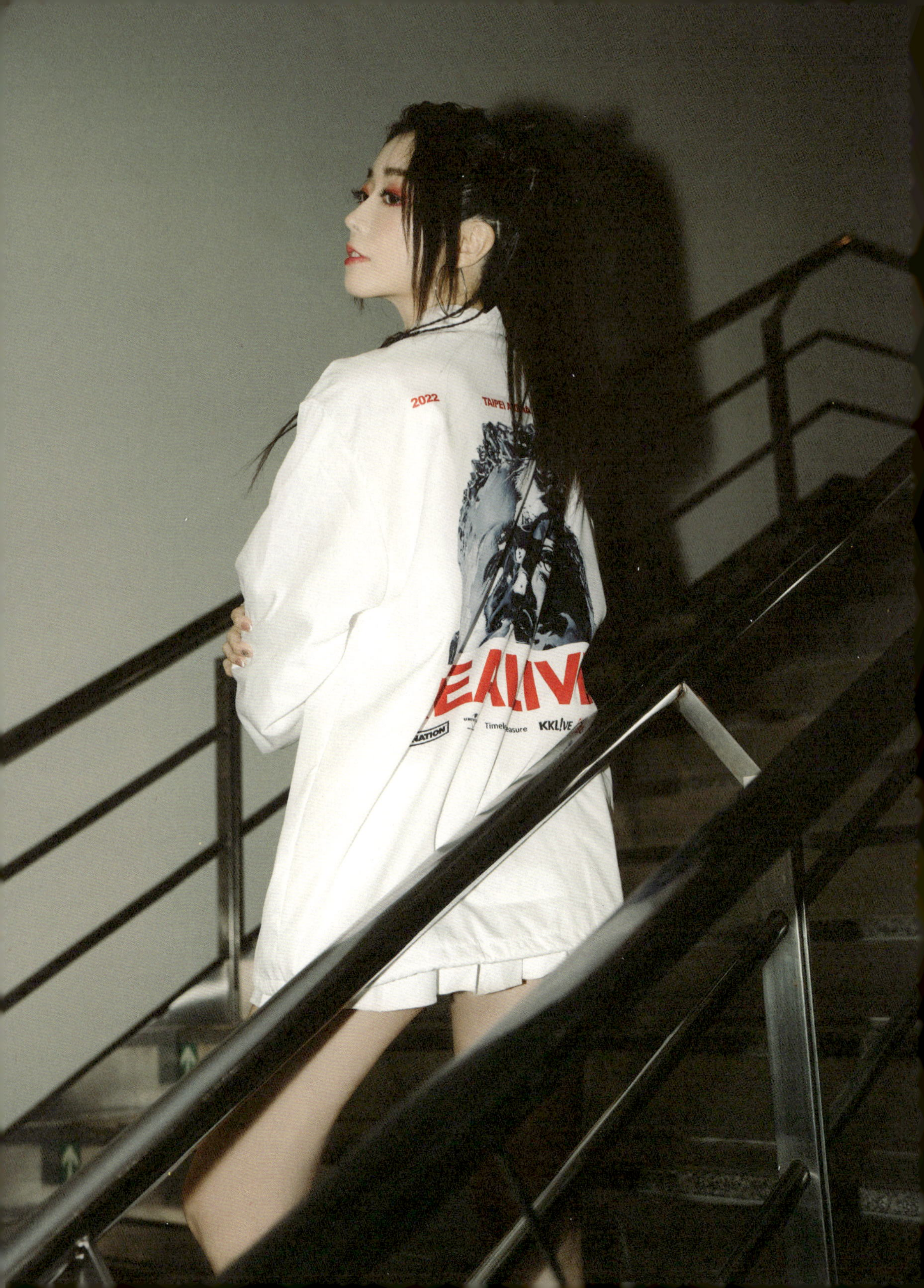
2022
KKL!VE

/ 石榴花 /

　　至於要怎麼認定對方是值得交往的對象？我覺得觀察他的情緒管理和危機處理，是一個很重要的方式。比方說我和男生一起去餐廳吃飯，如果菜上得非常慢，或是發生了一些不可逆的狀況，比如服務生把水打翻、衣服被弄髒了，對方如果因此而生氣，說了些不好聽的話，那麼就要好好考慮，自己和他是否要進一步交往，還是維持朋友關係。因為一個人如果情緒管理不佳，恐怕不會只對外人不禮貌，說不定也會這樣對待身邊最親近的人。

　　或者兩人一起出門時，如果發生錢包被偷、突然下大雨這種緊急狀況，對方的危機處理方式，也是一個大加分或大扣分的關鍵。因為當一個人發生危機時，最容易展現出他的本性，如果他可能冷靜下來，解決眼前的困難，那麼將來兩人如果吵架或意見不合，他通常也會心平氣和地處理。但如果他表現得很任性，只會把錯怪到別人身上，這樣的話，我一定不會選擇和他繼續見面。

花言・蕎語——
戒蕎蕎的愛情十誡

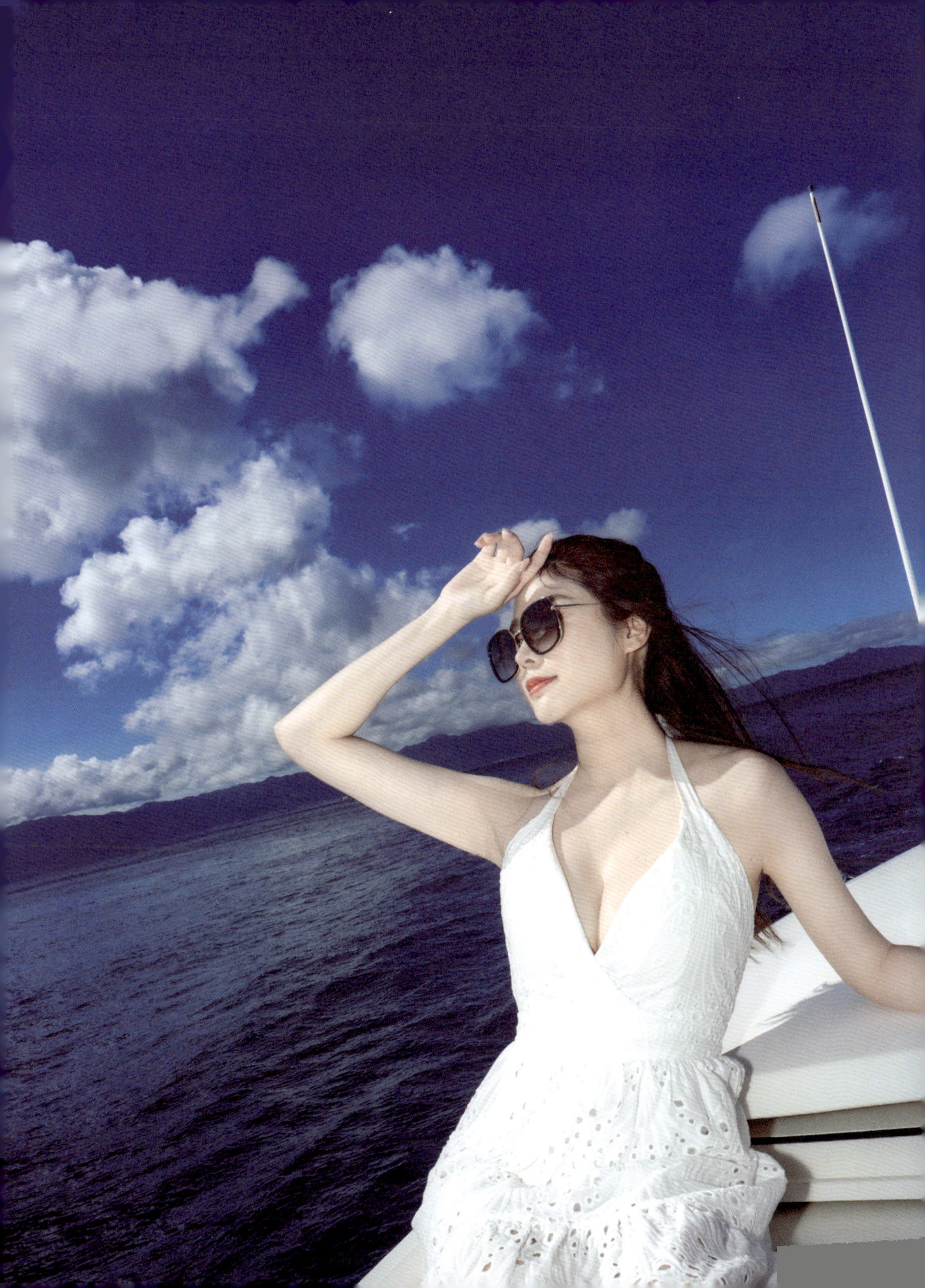

我曾經和某一任對象出國旅遊時，因為居住的 Air B&B 離市區有一段距離，必需開車才能出門吃飯，當時外面下著雪，一路上我還提醒他「小心開車，不用急。」結果車子打滑，車頭整個撞爛，沒辦法再開，還好人都沒事，但因為離市區還有一段路，我們只能在雪中步行回住的地方，當天我正值生理期，過程中感覺到血一直不斷地流，人很不舒服加上心情低落，但我一路都跟他說「人沒事就好」，他卻把錯怪到我身上，認為如果不是為了載我，今天就不會碰上這場意外。回家後我耐著性子，幫又餓又冷的彼此泡了兩碗泡麵，但內心很感嘆他怎麼這麼不成熟，不能冷靜地面對意外狀況，當我一個人躲在廁所，看著自己流了很多的血，還聽到他在門外不斷地指責我，眼淚便不爭氣地慢慢滑落下來，問自己為什麼會選擇這樣的他，經過這件事之後，毫無意外地，我跟他就平靜地結束了。

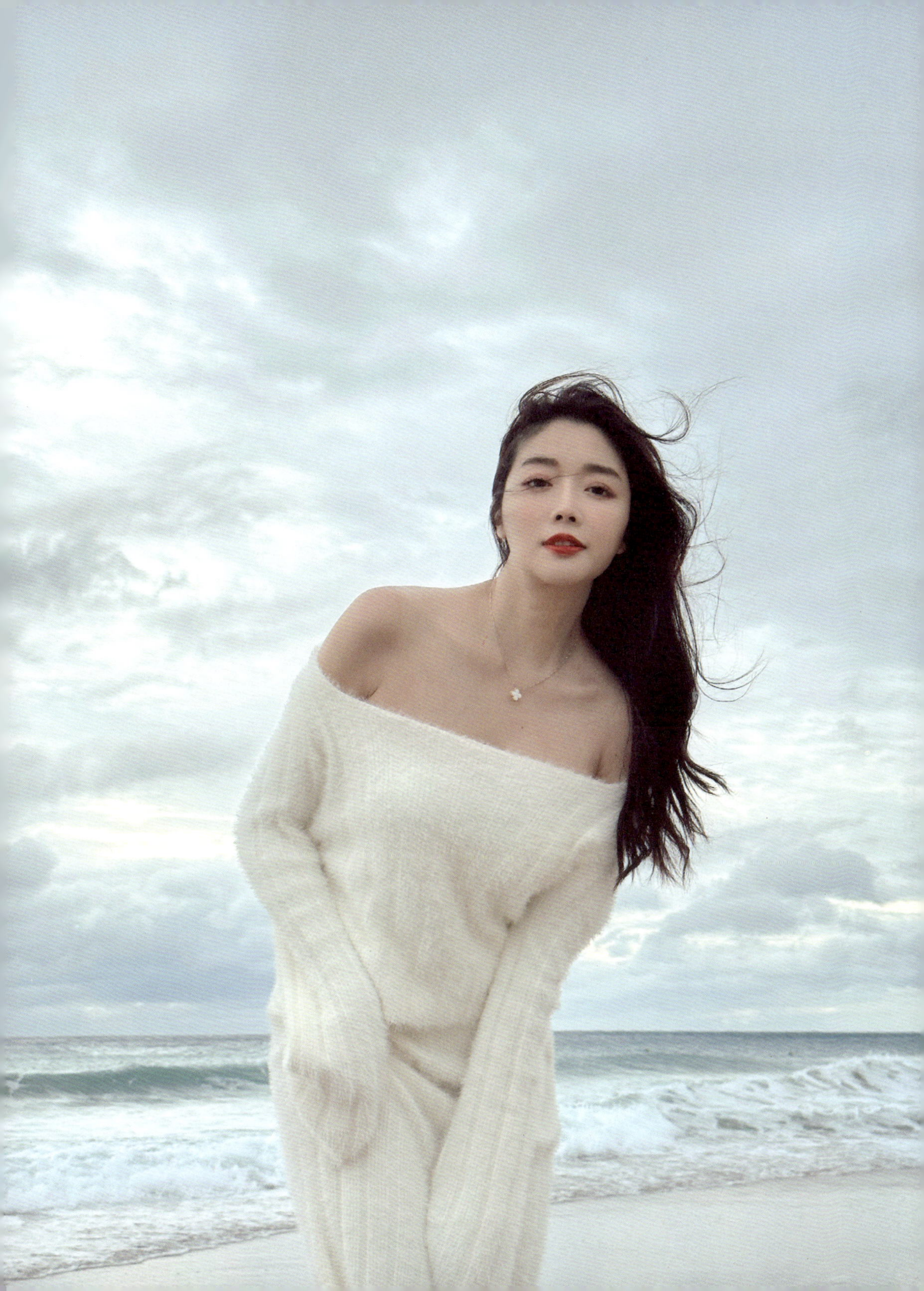

花言・蕎語——
戒蕎蕎的愛情十誡

/ 石榴花 /

花言・蕎詰——
成詰蕎的愛情十誡

　　名模林嘉綺跟她老公 Michael 的故事，曾經讓我感動落淚，因為她老公本來體重破百，後來看到雜誌封面上的林嘉綺，決心努力瘦身，要以最完美的樣子來追求她。他們第一次見面時，他因為胖胖的缺乏自信，只敢跟她打招呼但沒多交談。當時 Michael 哥在美國開了一間減肥中心，後來他花了三年的時間健身，成功地減掉將近半個自己的體重，再自信地出現在女神嘉綺姐面前，展開熱烈追求，更對她表示「謝謝妳改變了我的人生，我為了能自信地站在妳身邊，一直在努力成為最完美的自己。」

　　我曾經問 Michael 哥：「難道你不怕這三年她有了別的對象嗎？」他說：「我不擔心，因為我相信這個世界上沒有人比我更愛她，我就是想要保護她一輩子的人。」哇！沒錯，對於感情，就是要有這樣的自信，守住你要的，並為他努力、堅持。遇到了對的人，當然是一拍即合，所以他們交往半年後，男方就求婚了，現在過得超級幸福。嘉綺姐對我說：「一定有個人正在為妳努力，只為了能夠站在妳身邊。」我當下聽

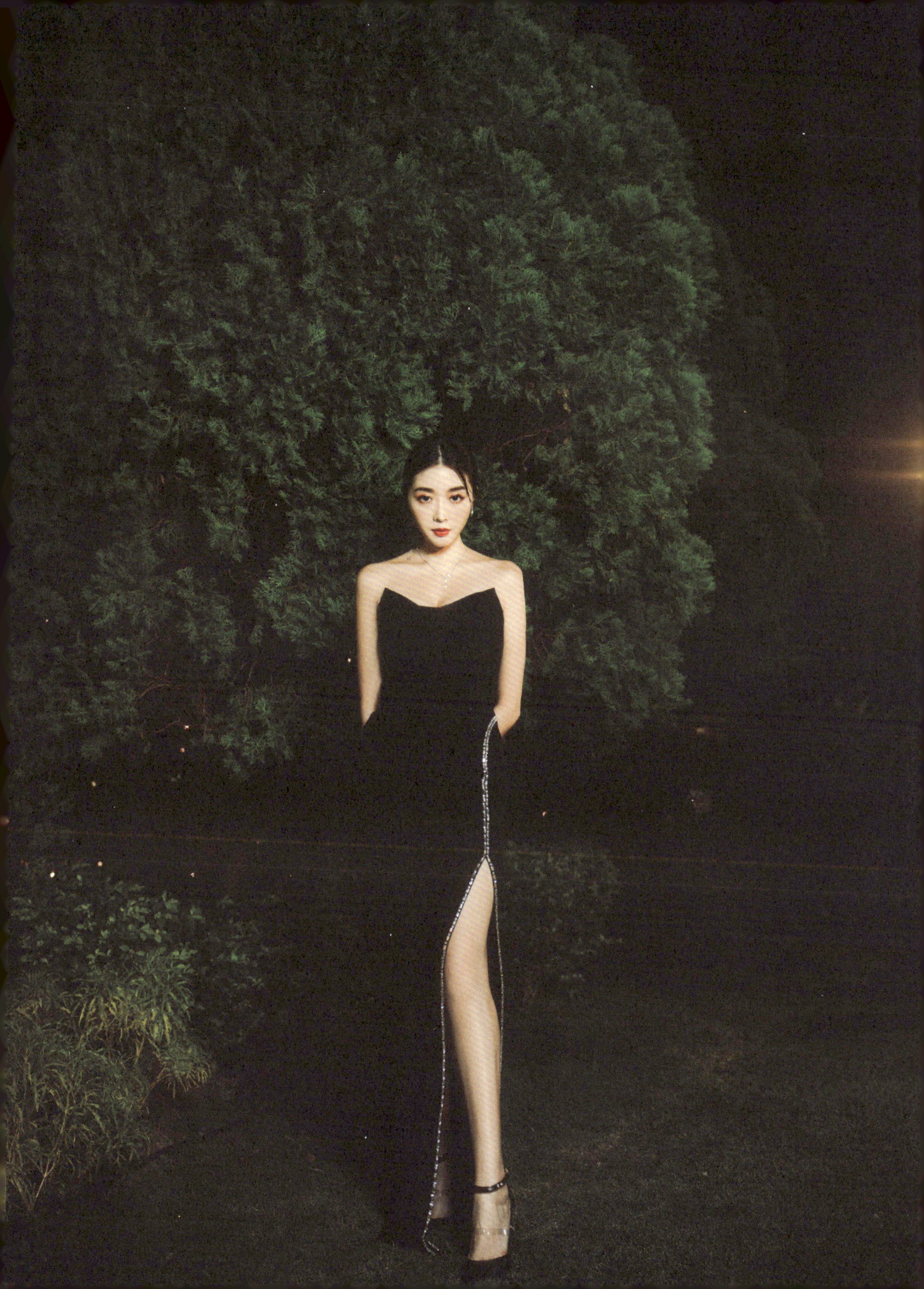

到直接落淚，這根本是韓劇的情節吧！為了心愛的人努力，真的不能光靠嘴巴說說，而是要實踐出來。女人不是笨蛋，對方的努力是發自內心，還是隨口說說，都可以感覺得到。

平常我除了工作，很喜歡把時間表排得滿滿的，除了旅遊、看書、上日文課、高爾夫球課和機械皮拉提斯，還有欣賞舞台劇、音樂會、演唱會、藝文展覽等，加上每個月定期護膚、保養手腳、光療美甲、護髮及保養頭皮，來維持我的狀態，還有在 Michael 哥經營的公司，讓我變得更健康、身材變得更好，當你變得更好看、成為更好的人，自信心就會增加，自然能吸引到更好的人。

四十歲的我並不擔心自己的年齡，反而更珍惜每個機會與挑戰，過得從容自在，把時間都留給自己、家人、朋友及我的毛孩子，很多人一定會質疑難道妳都沒男友嗎？會幸福嗎？真的不用懷疑，我現在很幸福，每天為了工作忙碌，為了自己而努力、奮鬥，這樣的日子我覺得很踏實。即使沒有愛情，我也過得很好，我相信愛情，但不盲目追求，，該來的緣分終究會來。

/ 石榴花 /

花言・蕎誑──
成誑蕎的愛情十誡

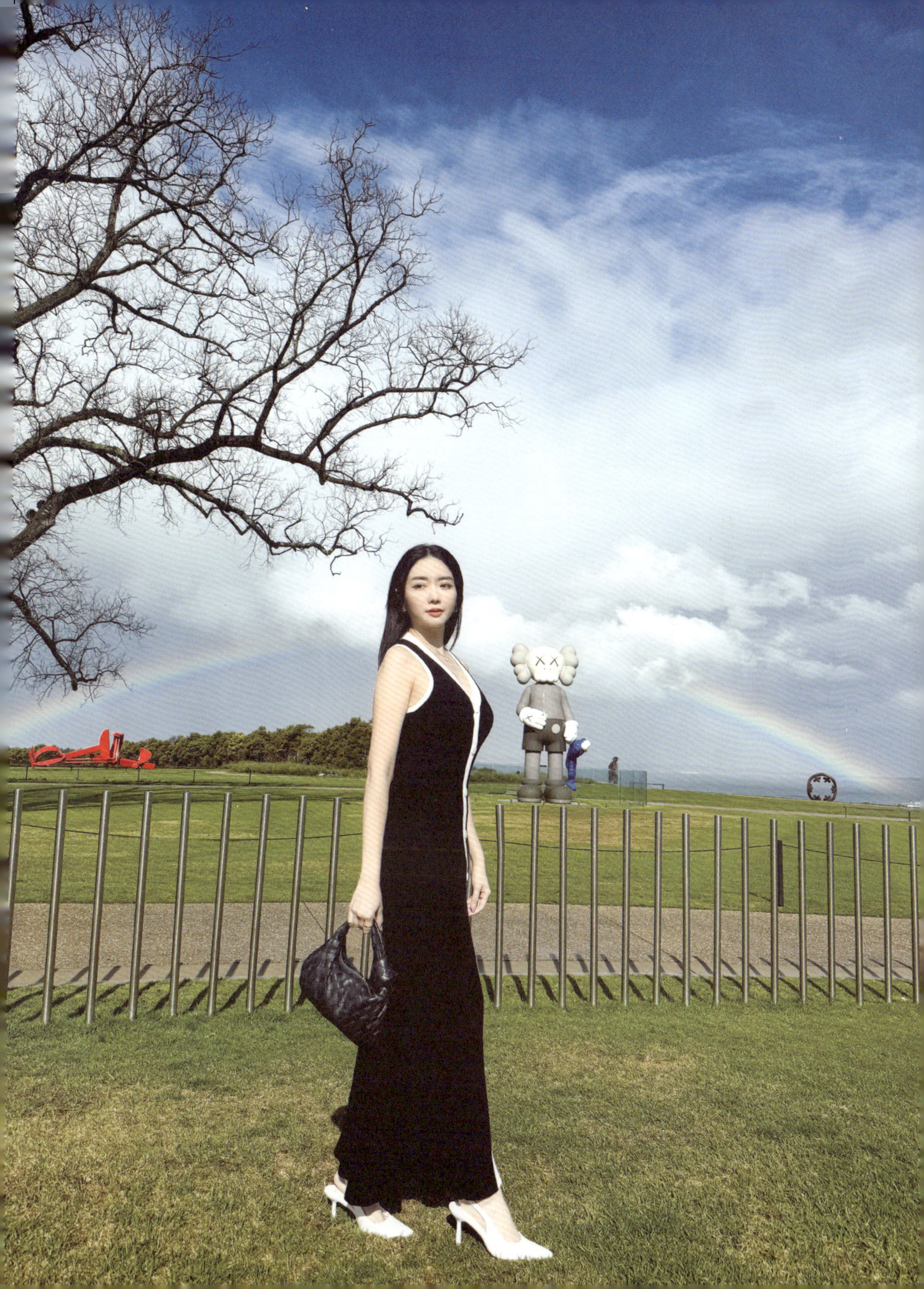

第十章 / 琉璃苣

勇敢、機智、靈活

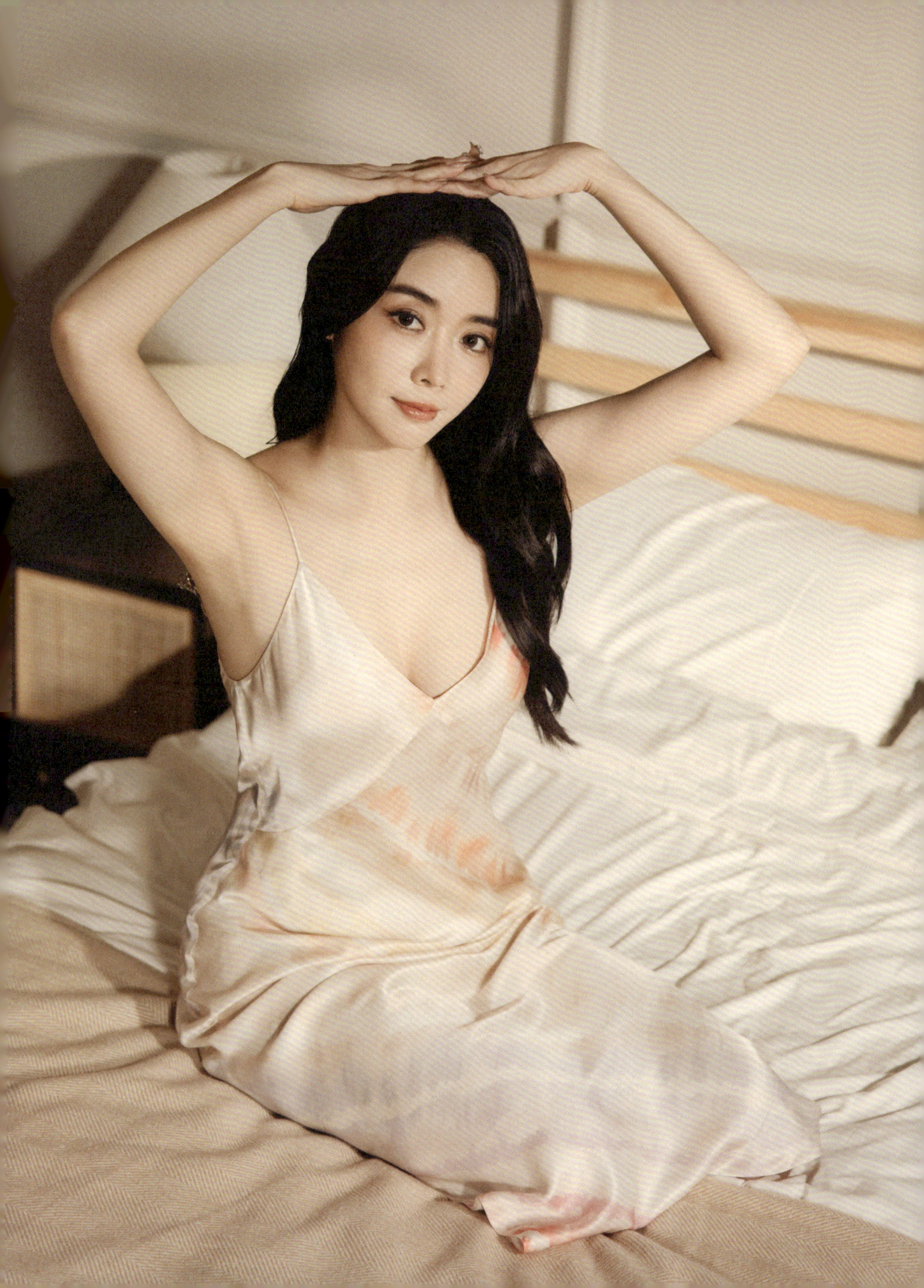

接受不完美的自己

　　習慣把任何不開心都往肚子裡吞的我，有時候難免覺得心好累，被自己的完美主義打敗。

　　遇到喜歡的人，其實我會變得特別沒自信，甚至緊張到不知道該跟對方說什麼，所以在越是喜歡的人面前，我會更加不知所措，深怕自己表現不好，於是假裝冷淡，假裝不在意，假裝成另外一個人，只是為了掩飾心中的緊張和膽怯，也擔心他對我根本沒有感覺。

　　在愛情面前，我特別沒有安全感，我想可能和我的原生家庭有關吧！身為長女的我，從小就要求自己不論是課業或做人處事，都不能讓爸媽擔心，所以害怕做錯事情，害怕爸媽看到女兒原來並不完美。所以，童年的我為自己塑造了一個聽話懂事又獨立自主的形象，為了討大人的歡心，努力地學習自己其實不感興趣的才藝。上幼兒園時，每次回到家，我都會在床上表演唱歌給爸媽聽，當時我以為他們很喜歡，長大後才發現，原來他們被我的表演慾困擾了好多年，因為兒時的我，怎麼唱都是同樣的三首歌。

　　因為習慣迎合別人，我在不知不覺中變成了濫好人，就連談戀愛，都不敢展現真實的自己，害怕對方沒有辦法接受脆弱的我，所以總是把最真實的一面隱藏起來。甚至上節目的時候，我有時候會想營造出不同的成語蕎，去試探哪一個才是最受眾人歡迎的我。

/ 琉璃苣 /

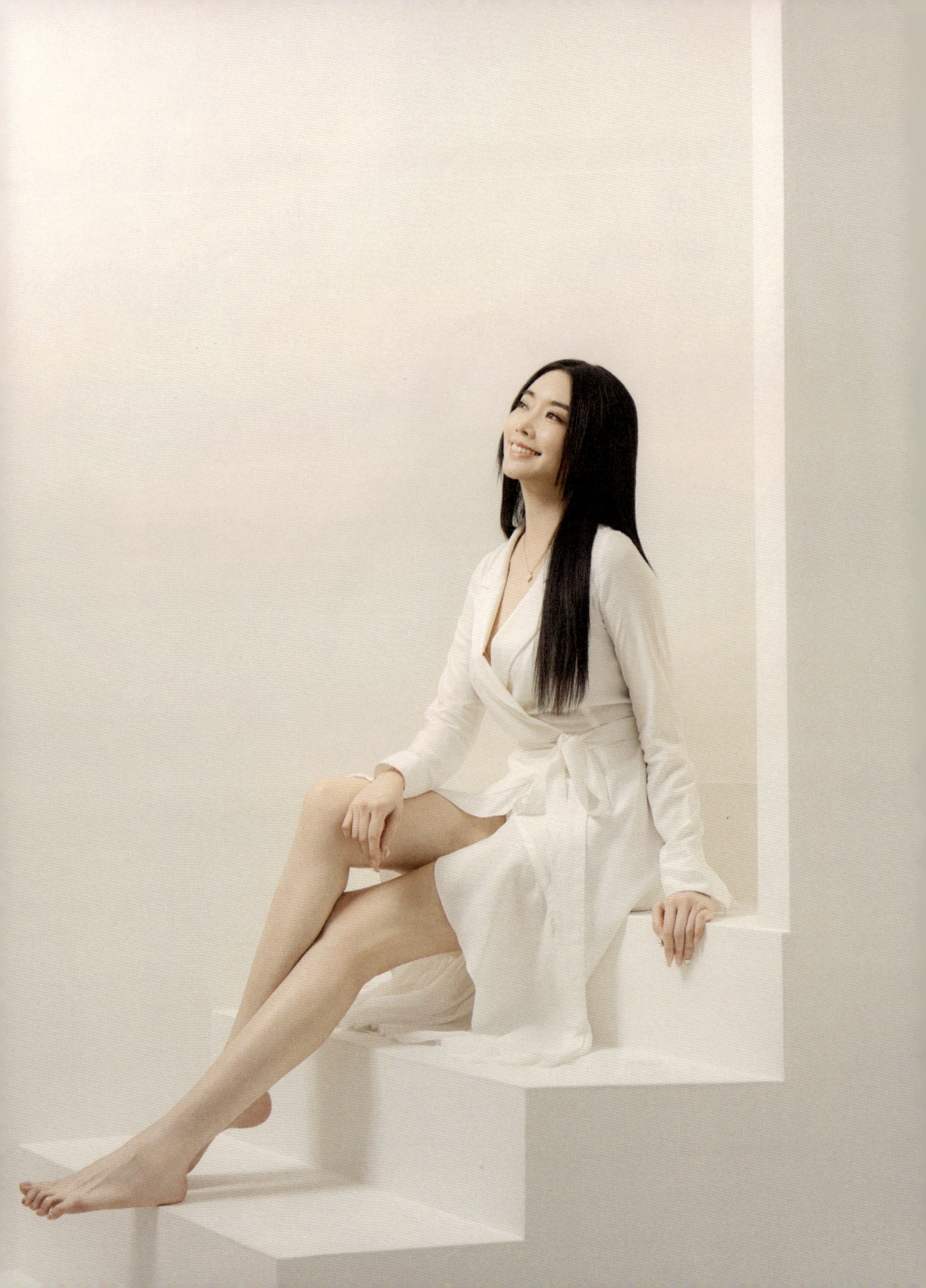

有的人認為我看似高冷難以親近，也有人以為我好像很受歡迎，其實那都不能算是百分之百的我。真正的我，其實極度缺乏安全感，害怕失去且非常悲觀，當我在社群網站上分享一些心靈雞湯，除了是寫給粉絲看，也是對真實的成語蕎喊話，希望自己能夠變得更加樂觀、勇敢。

十多年的演藝生涯，經歷了風風雨雨，除了遭受觀眾的誤會、扭曲，許多不認識我的人，在還沒有跟我真正接觸前，就往我身上貼標籤，我想這應該是所有公眾人物都會面臨的課題，有時候工作得很累，又看到對我並不公平的惡意評論，難免會覺得氣餒，懷疑「真的要繼續在這個行業堅持嗎？」只能反覆地提醒自己要看開一點，但有時候也會覺得委屈，這些人並不了解我和我的工作，為什麼要胡亂評論？

從小我就很羨慕那種可以自信說話的人，因為當時的我非常內向，總是習慣躲在角落，習慣被當成空氣，不敢表達自己的想法，害怕多說了一句，有可能不被認同，被投射異樣的眼光。

所以在感情上，我會偽裝成毫不在乎、充滿自信，甚至常常會說出反話，想把對方推開，目的是為了試探對方有多喜歡我，明明就很患得患失，害怕失去對方，但又無法勇敢地說出來，我想這就是悲觀的天秤座吧！

花言·蕎語——
成詩蕎的愛情十誡

甚至我身邊的天秤座朋友也是，因為過度的自卑，害怕擁有幸福，甚至懷疑自己不配擁有幸福，懷疑自己能不能被愛，更深怕有一天因為失去幸福而痛苦不已。真正的幸福，不是對方跟你說了多少甜言蜜語，而是當你徬徨無助時，他會在一旁溫柔地跟你說：「沒事，有我在。」

可能因為比較晚談戀愛，戀愛中的我，依然還是像個小女孩，有很多的不成熟，但是又害怕對方發現我脆弱的一面，所以總是冷漠地在處理感情的問題。其實，有時候我也很想告訴對方我有多愛他，或者生日時想要討個抱抱，卻害怕說出口會被拒絕，內心裡有好多的我在交戰，今天的我到底要怎麼表現，才會受到他的青睞？今天要派出哪一個我來跟他約會，才不會說錯話、做錯事？

所以，有很長一段時間，我把自己的心封閉起來，害怕受傷、害怕承受痛苦、害怕再次被欺騙，不肯再談感情，甚至對朋友也是這樣，常常遇到一些狀況，我沒有多做解釋，而是轉身離開。但這並不表示我不在意，而是我知道，懂我的人一定會體諒我，而討厭我的人依然不會因為我的解釋而改觀。

其實，很多事情都是一體兩面，每個人都有自己的立場和角度，而且有些話多說多錯，長大後漸漸明白，爸爸提醒我的「看破不說破」，真的很有道裡，至少受傷

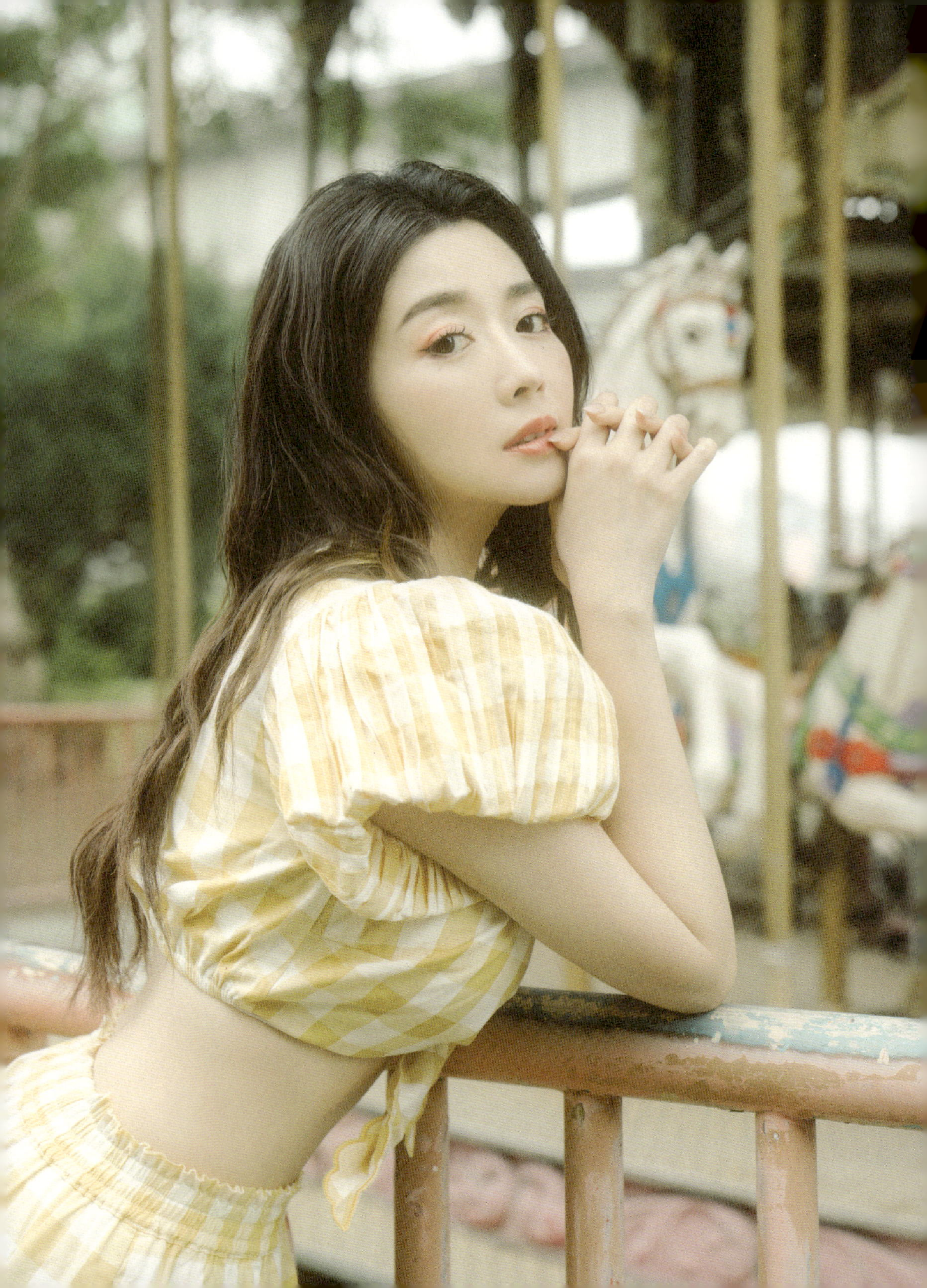

/ 琉璃苣 /

花言·蕎語——
　戒詒蕎的愛情十誡

的人只會有我一個。我一直覺得天秤座根本是悲劇女主角，常常會遇到一些爛人爛事，我想，老天爺這麼安排，要我們透過這些經歷而成長，修練成堅強的人。

給在愛情中徬徨的你，如果對方觸及你的底線，請你收回你的真心與善良，放下你所謂的愛與執著，真正的愛情，是兩個人一起成長，一起變成更好的人，而不是不斷地挑戰你的底線、踐踏你的尊嚴，因為錯的人不會因為你的善意與愛，就變成對的人，沒必要在模糊的關係裡不停地內耗，奢望對方會帶給你幸福，要是他做得到，你早就幸福了！

看完這本書的朋友，你一定要相信，你很好、你值得被愛，時間會幫你篩選對的人，某天這個對的人一定會出現在你身邊，把你當成他的寶藏。假如始終沒遇到也沒關係，有一天你會發現，不談戀愛、不結婚、不生小孩和自己一個人生活，真的不會怎樣。靠自己雖然一定不輕鬆，但絕對更自由，在愛別人的同時，一定要先愛自己，我們不必活在任何人的期待裡，去做一個內心強大的人，面對人生的不如意，勇敢地擁抱每一天的自己吧！

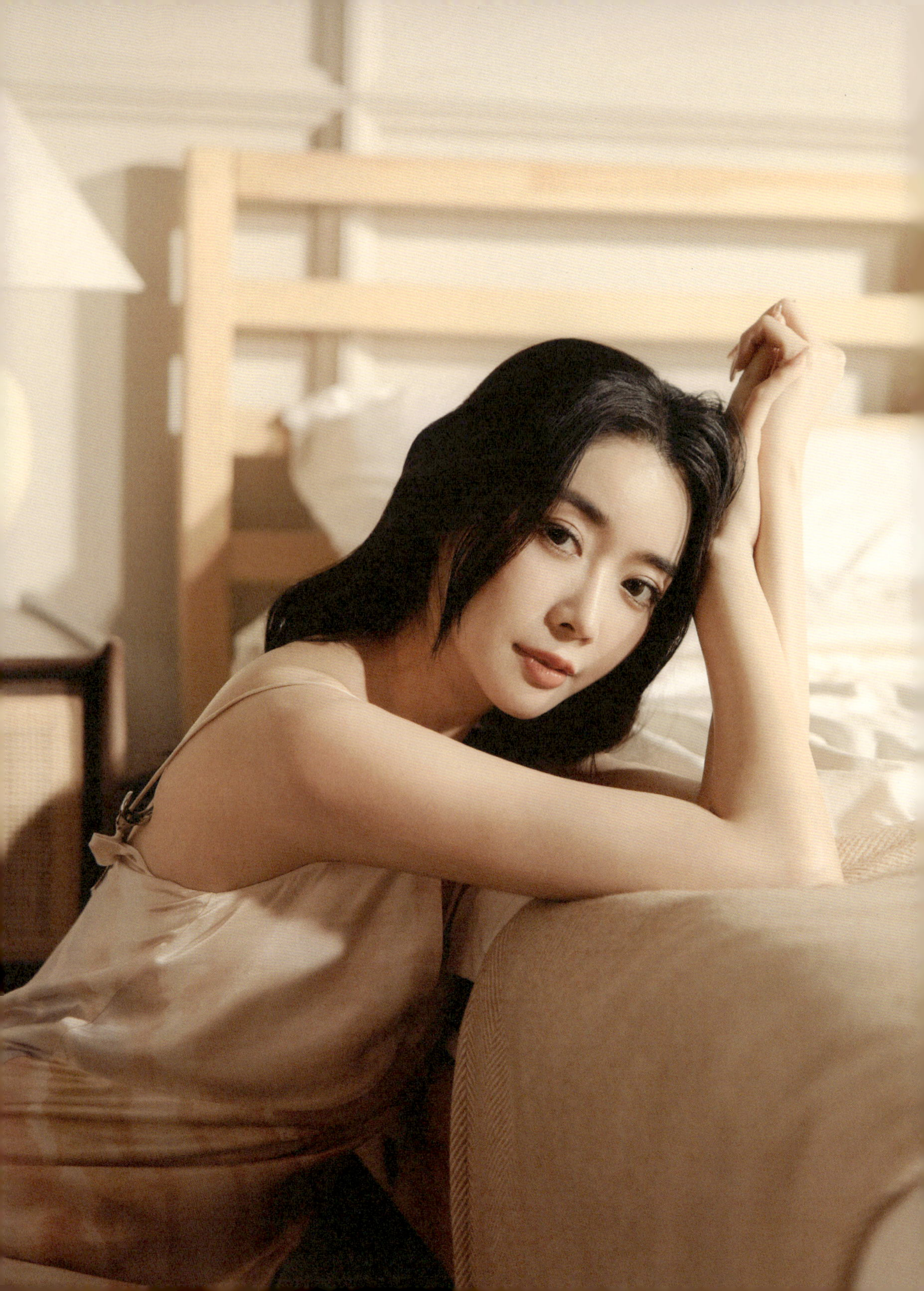

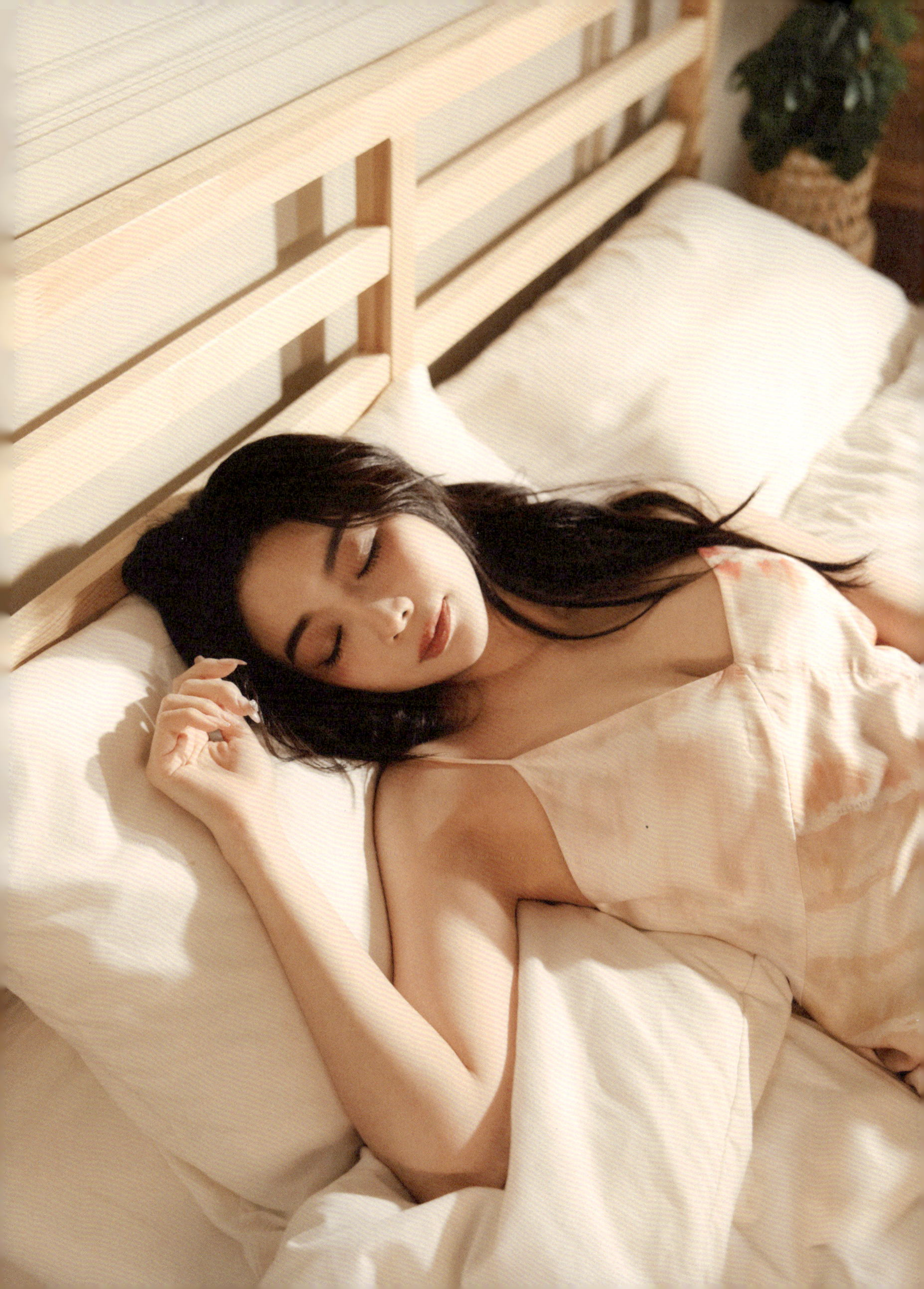

國家圖書館出版品預行編目（CIP）資料

花言.蕎語：成語蕎的愛情十誡 / 成語蕎作. -- 初版. -- 臺北市：水靈文創有限公司, 2024.11
面； 公分
ISBN 978-626-99115-2-3(平裝)
1.CST: 戀愛 2.CST: 兩性關係
544.37　　　　　　　　　　　　　　　　113017725

花言·蕎語──
成語蕎的愛情十誡

作　　　者	成語蕎
圖 片 提 供	成語蕎
封 面 攝 影	陳威逸
妝　　　髮	張凱
封面服裝贊助	Glam Chamber

總 編 輯	陳嵩壽
編　　　輯	陳柏安
視 覺 設 計	林晁綺
行　　　銷	張毓芳
出 版 社	水靈文創有限公司
郵　　　撥	臺灣企銀 松南分行（050）11012059088
地　　　址	11444 臺北市內湖區內湖路一段 387 巷 3 弄 2 號 1 樓
網　　　址	www.fansapps.com.tw
電　　　話	02-27996466
傳　　　真	02-27976366
總 經 銷	聯合發行
電　　　話	02-29178022
初　　　版	2024 年 11 月
I S B N	978-626-99115-2-3
定　　　價	新臺幣 480 元

版權所有 · 翻印必究
本書若有缺頁、破損、裝訂錯誤，請寄回本公司更換